医学科普小说

枫林桥之恋

杨秉辉 ◎著

復旦大學出版社

内容提要

本书为医学科普小说。通过描述幸福邨街道社区卫生服务中心徐家霆、袁秀芬等医护人员的工作、学习、感情、生活，印证了颜福庆先生在枫林桥地区创立上海医学院新址时树立医学教育"为人群服务"的深刻意义，讴歌了医务人员的奉献精神。本书还介绍了全科医学"以人为本"的本质及其与"为人群服务"精神的一致性，显示了在我国发展全科医学的重要性，表述了基层医疗卫生工作人员为保障广大民众健康所做的贡献。

杨秉辉，复旦大学上海医学院内科学教授、博士生导师。曾任复旦大学附属中山医院院长、中华医学会全科医学分会主任委员、上海科普作家协会理事长等职。曾获国家科技进步奖一等奖、上海市科技进步奖一等奖等奖项。曾主编及著有医学专著与科普著作60余部，近年首倡"医学科普小说"，已出版长篇小说及短篇小说集多部。

枫林桥之恋

献给我的母校上海医学院

献给全国的全科医师和基层卫生工作者

人生意义何在乎？为人群服务。

服务价值何在乎？为人群灭除病苦……

——选自由黄炎培作词的国立上海医学院院歌

"枫林桥之恋"的枫林桥，不过是指他们相恋的场所而已，枫林桥畔的上海医学院给他们的教育"人生意义何在乎？为人群服务"，才是他们终生追求的"恋情"。

——第八章 29 节

序 一

　　本书作者是复旦大学上海医学院杨秉辉教授，他在全国开创了三甲医院的全科医学科。他曾任中华医学会全科医学分会主任委员、《中华全科医师》杂志主编，推进了中国全科医学的学科发展，是一位令人尊敬的前辈。

　　一周前，杨教授邀请我为本书写篇序，当时我真的是受宠若惊，心想：只有老师给学生的书写序，哪有学生给老师的书写序的道理？但杨教授依然鼓励我，坚持让我写，仔细想想这也是老师对我的信任，恭敬不如从命，我决定试试。

　　1997年，我被上海市人民政府从英国招聘回国，分配在上海市卫生局工作，任局长助理。我在英国攻读的是全科医学硕士和博士，并在美国哈佛大学做了一年多博士后工作。

记得有一天，刘俊局长找我去他办公室，问我："英美大医院有无全科医学科？"答："有。"再问："大医院全科医学科到底是干什么的？"再答："现在大医院专科分工太细，二、三、四级学科，专科医生只会看一类病了，不利于病人。大医院非常需要一个横向发展的综合科室来协调，这个科就是全科医学科。具体有三个功能：①面对以症状来求医的病人，不知看什么科，先看全科；②面对涉及多学科、多病种、多药物治疗的病人，由全科医生理出轻重缓急并制定综合治疗方案；③加快培养和联系社区全科医生，提高社区卫生服务能力。"

刘俊局长又说："中山医院杨秉辉院长向市卫生局申请办全科医学科，以前闻所未闻，全科医学不是建在社区吗？怎么建在三甲大医院呢？行吗？"并嘱咐我带几个政策研究室同事去做个快速调研，一周交调研报告。一周内，我们得到了杨院长的热情接待和详细介绍，并由潘志刚医生陪同去四个社区卫生服务点调查。一周的调研工作中，我们都被杨院长的带有卫生发展战略意义的开创性贡献深深感动。调研报告里有一段我们这样写道："杨秉辉教授是中国全科医学的开创者之一，中山医院全科医学科的建立是我国医学发展的里程碑。"

我们的调研报告还从党中央、国务院对我们提出的要求，以及世界医学发展的经验和趋势，结合中国实际情况，提出了全科医学在我国建立和发展的重大意义和具体实施的建议。调研报告在市卫生局党委扩大会议上得到了充分肯定，并报请上海市委市政府批准，很快出台了上海在全国先行先试、全面推行全科医学改革发展的一系列政策文件，极大地促进了全科医学的发展。现在全科医学已经越来越被人民群众和医学界接受,一年一度的市民满意度测评,全科医学总是名列第一。

不久,刘俊局长又把我推荐给祝墡珠教授,她也是全科医学界的一位"大咖",是复旦大学全科医学系主任。在杨院长和祝教授的邀请下,我也加入了中山医院全科医学团队,目前已经培养了10位全科医学博士,还为复旦大学上海医学院培养了6位博士后,在国内外发表学术论文200多篇。在全国学科发展排行榜中,中山医院全科医学年年第一,遥遥领先。现在国务院、国家卫生健康委明文规定全国所有综合性大医院都要建立全科医学科。这是一件利国利民、功在当代、利在千秋的大事。

建立全科医学服务体系,仅有大医院的全科医学是不够的。只有大力发展社区全科医学服务,才是实现人人享有基本医疗和公共卫生服务的基本保障,才是深化医药卫生体制改革、推动建立高效、有序的医疗卫生服务体系的关键,同时也是实现"健康中国"的重要途径。

作为我国最早引入与发展社区卫生和全科医学服务的地区之一,上海社区卫生服务发展已经走过了20多年的岁月,回顾这20多年走过的道路,上海已基本实现了"横向到边、纵向到底"的社区卫生服务机构网络布局,全面推进社区全科医生制度建设,建立了可持续发展的全科医生规范化培养制度。截至2018年底,上海已建立了246家社区卫生服务中心、97家分中心、1938家服务站或村卫生室,全市全科医生已超过8700人,达到每万人口3.59名,社区卫生服务中心门诊量超过全市1/3,已有666万居民签约了社区全科医生,签约居民在社区卫生服务中心就诊率超过55%。依托社区卫生服务体系,从儿童健康保健,到老年人健康管理;从常见病初级诊疗,到疑难杂症精准转诊;从家庭病床上门服务,到医养结合居家护理;从慢病管理早期筛查,到临终患者安宁疗护;从居民健康账户,到智慧服务平台等,社区卫生服务中心已经成为社区健康服务体系的重要平台、居民健康生活的重要组成,越来越多上海民众在"家门口"就能够获得整合型社区健康服务。

上海社区卫生发展20多年,确实可圈可点。所谓"圈",就是可以肯定与继承的方面。

一是理念先进。世界卫生组织(WHO)确定80%的民众健康问题可在社区基层得到基本解决。一般疾病到大医院就诊会挤占优质资源,造成资源浪费,也不符合不同级别医疗机构的功能定位,也没有一个国家能供得起"无序就诊"。国际卫生发展经验也告诉我们,发展社区卫生、全科医学和分级诊疗制度是最贴近民众,也是最经济、最合理的制度安排。上海将社区卫生作为卫生事业发展的优先项目,改革导向具有很强的科学性。

二是政府全面参与。始终将发展社区卫生服务视作政府的基本责任予以积极推动,逐步夯实基层医疗卫生服务,贴近居民百姓,特别是连续12年将夯实社区卫生服务机构建设列入上海市人民政府为民办实事项目,对于全市层面社区卫生服务发展带动效果十分显著。

三是创造发展新模式。在政策设计方面,推进社区卫生服务机构设置、队伍建设、保障水平同步发展,相关政策可操作性、互补性强,从而实现了上海可试点、全国可推广、世界可借鉴的全科医学服务体系。

所谓"点",就是可以点评和展望的方面。

第一,持续推进支付方式改革。上海的医疗保险工作已取得很大成绩,但支付方式还可进一步创新,如可探索实施医保向全科医生"按人头预付",住院患者"按病种支付"。虽然管理的精细化水平提高了,但新的支付方式可以调节利益驱动,激励全科医生进一步优化签约服务,促进社区全科医生成为居民健康和医疗费用的"守门人"。

第二,不断完善社区卫生运行模式。上海是全国最早实施社区卫生服务中心绩效工资和收支两条线的地区。推出此项政策时,上海的城乡差别较大,有很多农村地区的基层社区卫生服务中心还存在收不抵支,甚至员工工资奖金也无法解决、人才流失严重的情况。当时通过收支两条线,财政预算"保底"和"转移支持"的办法,有效支撑了经济困难的社区更好地开展社区卫生服务,取得了显著的效果。

但有些政策也是既有"利"又有"弊"的,当时绩效政策的"保底"也同时搭配了"限高",特别是近年来随着快速老龄化、城市化和以慢性病为主的疾病谱变化,居民对于基层医疗服务需求显著提高,这种固定收入的"限高"政策,较为严重地影响了社区全科医生服务积极性。如何大胆创新完善政策,对于社区卫生服务机构的运行,既要"保底",又要适应"多劳多得"和"优劳优酬"的发展,需要做进一步研究和完善。

第三,进一步拓宽社区用药目录。引导居民形成分级诊疗格局的重要政策之一,就是基层药物的配备。当前,往往有些患者在社区配不到他所需要的药,只能舍近求远,到大医院去配药,不但医疗费用昂贵,就医时间也长,居民的感受度和体验感欠佳。建议将社区全科医生用药范围扩大并与大医院的用药目录相衔接,与分级诊疗、管理费用、能力建设等政策相一致,在用药政策方面,鼓励从限制到合理、从监控到服务。

我们赶上了一个好时代。国家改革开放、社会经济发展,使我们有机会全身心参与这场关乎民生的大改革,我们亲自见证了赤脚医生变成助理执业医生、社区卫生服务中心的医生变成合格全科医生的全过程,让民众能得到有良好资质医生的服务;亲身经历了破旧的基层医疗机构变成了现代化的社区卫生服务中心、服务站和村卫生室,并延伸到了居家护理和家庭病床,让民众方便看病,就医环境大大改善;也亲自参与医疗保险制度改革,从合作医疗人均五元钱"村办村管"到全市统筹,"农村合作医疗保险"和"城市居民保险"合二为一,基本医疗保险在全市实现了基本全覆盖,让民众逐步看得起病的全过程。这个上海社区卫生服务机构、人员质量、保险保障协调同步发展的创新模式,实实在在地让上海民众的健康指标始终保持在世界先进水平。

本书的体裁为"医学科普小说"。作者别出心裁,有"一石二鸟"的作用。既向读者全面介绍了全科医学,又颂扬了全科医师及基层卫生工作者的奉献精神,以及他们的工作、学习、生活和感情。书中有大量医学科普的内容,读者可以从中获得疾病防治的知识。既是小说,也是纪实,充满着科学内容,独树一帜,这本书非常值得一读。

孙晓明

复旦大学上海医学院教授、博导

上海市社区卫生协会会长

2023 年 8 月 24 日

序二

十年前,读到杨秉辉教授当时的新著《为人之医》(北京出版社,2013年),深感精彩。此书应"大家小书·医学家卷"系列之邀,"谈谈自己的医学人生及感悟"。杨教授在"前言"中说:"医学是为着人的健康服务的,所以西方人称之为'人学'。医学应该充满仁爱的精神,所以中国人称之为'仁术'……医生,如我本人,从事的是一种帮助人恢复健康的职业。所以,本书便名为《为人之医》。"

眼前这本《枫林桥之恋》,同《为人之医》——尤其是其中的"全科医学的精髓是'以人为本'"一章——遥相呼应。或有友问:"《枫林桥之恋》乃小说,《为人之医》则为作者人生与感悟之实录,两者何能'一唱一和'"?

"全科医学的精髓是'以人为本'",有章首题记曰:

"在英国的医学考察,让我开始注意到全科医学这门医学学科。而我在广播电台主持医学节目,让领导觉得我就是'全科医生'。这样我就从'很专科'的医生变成了全科医生……全科医学不仅给人治病,还关注防病,关注病人的家庭成员与社区居民的健康问题。在对病人的治疗过程中,全科医生还需要关注病人的心理、社会层面的问题,并努力协调一切有助于病人康复的资源来为病人服务。所以全科医学'以人为本'的特征较其他医学专科更为显著。"

医学小说《枫林桥之恋》讲的正是全科医学和全科医生的故事。

什么是"医学小说"?这种体裁的首创者正是杨秉辉教授。起初,亦称其为"医学科普纪实小说"或"医学科普小说",其中"医学""纪实""科普""小说"诸要素之含义皆不言自明。前些时,我再次同杨教授微信小议:

"这类作品的类型或体裁,我想应正式定下一个供长期使用的术语或名称,是用'医学小说',还是用'医学科普小说',还是用……好像'医学小说'就可以了,四个字简明扼要,也不会有多少歧义。"我说。

"是的,我想医学是一门科学,小说是一种文学形式,科学用文学的形式表达,应即是科普,所以'医学小说'即表明是科普,毋须再加科普二字。"杨答。

杨秉辉的第一本医学小说,是2014年出版的《财务科长范得"痔"》(复旦大学出版社),收入24个短篇故事,所述"医生和病人之人、疾病和医疗之事",多为杨教授亲历,少数虽非亲历,亦确有其事,唯人名、身份进行虚构处理,以免涉及隐私。2018年,此书之续集《保卫科长莫有"病"》(复旦大学出版社)问世,亦收短篇故事24个,篇末照例各附"杨医生曰"数百字,以提示文中的医学基本要点,画龙点睛,其妙殊堪玩味。

我本人的专业是天文学,同杨教授之为医"隔行如隔山"。但是,就科普而言,我们却是志同而道合。杨教授一再强调"除医学与疾病应该科普外,医疗涉及之人之事也应科普""医学本身不应该是单纯生物学的,而应该是生物—心理—社会的,所以涉及心理、社会问题的医学也应该普及"。对此,我深以为然。

杨秉辉教授虽届耄耋之年而思维敏捷如故,与之相伴的是他的创新精神。2020年,他又推出短篇小说集《看病的学问——值得了解的30个医学常识》(上海科技教育出版社)。相较于前两部作品,《看病的学问》又有新的写法:杨医生不再在各个故事篇末有所"曰"了,而是让故事人物在情节推进中自然地道明相关的医学原理和科普要点。我相信,今后杨教授还会有更多的创新写法。

2016年,杨秉辉教授推出20万字的长篇小说《祺东的黄兴家医生》(复旦大学出版社),"将所知之乙肝相关疾病之知识嵌入书中黄氏家族的百年兴衰之中,指望读者在了解自清末至今中国南方农村地区发展的一个侧面的同时,也得到一些关于肝病的医学科学知识,此则是我之所愿"。(此书"前言")这部佳作医学和文学交融,与"说明书"式的医学科普读物迥异,也不同于过多专注细节的纪实文学,更不同于基于虚构的科幻小说。"独树一帜""妙不可言",是读者对杨教授"之所愿"的回应。

如今的这部新作《枫林桥之恋》十余万字,当属长中篇或小长篇之列。枫林桥这个上海的老地名,伴随着上海医学院(今复旦大学上海医学院)和中山医院之名望而使人耳熟能详。书中栩栩如生的诸多人物,因共同的事业而在枫林桥相识相恋。而更为根本的是,颜福庆教授近百年前在枫林桥畔创办上海医学院时的教诲"人生意义何在乎?为人群服务"成了一代代学子终生追求的"恋情"。桥,早已荡然无存,但这枫林桥的医学精神却历久而弥新。

《枫林桥之恋》中的许多人和事皆有所本,杨教授的"医学人生及感悟"就在其中。书中的梁崇光教授说"我是中国大陆全科医学的一个吹鼓手"。确实,他的吹与鼓很是得力,20世纪90年代初,中华医学会成立全科医学分会,时任中山医院院长的梁崇光教授被遴选为副主任委员。枫林桥畔也成了中国全科医学的发祥地之一。

然而,那时公众对全科医学还缺乏基本的认知,以为啥病都能看的医生一定是"红药水医生""万金油医生",医务界同道也多有认为这个学科"含金量低"而不屑一顾者。但梁院长坚持认为,全科医学在社区直接守护着民众的健康,就此而言其"含金量"一点也不比其他专科医学低。他不断宣传:"全科医学是一门集生物医学、行为科学及相关社会学科之大成的新型医学专科……它是一种照顾人的医学。全科医学的精髓不是强调分科不分科的问题,而是'以人为本'。"这一观点,逐渐得到了大家的认同。

随着我国政府支持基层医疗卫生事业的发展,早先的街道医院一般已改称"社区卫生服务中心",以体现全面、全程服务居民健康的理念。由于历史的原因,社区卫生服务中心的设施比较简陋,但近年来新建房舍、添置硬件设备的力度在不断加大。社区卫生服务中心的瓶颈问题在于高水平全科医生的短缺。早先在社区为民众健康服务的医务人员接受培训较少,工资待遇不高,与大医院相比颇有差距。这类问题,近年来也获得了更多的关注和改善。

《枫林桥之恋》一书的主角却并非梁教授,而是一位年轻有为、有志于全科医学事业、决心在社区卫生服务中心开拓创新并在白纸上绘出美丽画面的徐家霆医生。徐家霆是上海医学院医学系的八年制毕业生,成绩优秀,获得博士学位。他不仅对全科医学和全科医生有正确的认识,而且觉得在大医院里医生和病人之间主要是技术服务的关系,缺少人与人之间的感情交流,那里的诊室门口只有电脑排序的自动叫号声"18号请到第2诊室""19号请到第5诊室"。而在社区服务中医生与病人却是朋友,他感受到自己辛劳的价值,觉得每天工作在愉悦中……

徐家霆医生的周围,还有一群性格各异、经历不同的年轻医护同事。他们各有自己的理想,有自己的婚恋故事,有生活中面临的各种问题,也有微妙的人际关系……书中对这类情节的刻画,着墨简洁却又入木三分,既充满人情味,又富有感染力。在年复一年社会医疗的工作中,小说中这群可敬可爱的年轻人日益成熟,取得成就,乃至挑起重担。这对出身医者家庭的年轻人来说,在一定程度上得益于从小的耳濡目染;而对于更多的年轻医者而言,则要归功于传承和发扬枫林桥的医学精神。书中人物形象饱满,践行全科医学理念的生动事迹随处跃然纸上,此处毋庸赘述。

回想 2017 年 9 月,在上海、江苏、浙江和安徽一市三省的科普作家协会联合举办的"加强科普评论,繁荣原创科普——'杨秉辉医学科普'评论会"上,杨教授做了主题演讲"我的医学科普之路",各方人士发言踊跃。我在发言中说,杨教授的医学科普人见人爱,"在于他有一颗仁者之心,有一身医者之术,还有一支生花妙笔……这支笔的境界,在于'妙'而不在于'花'。这是一种炉火纯青的境界"。从小说美学的角度视之,《枫林桥之恋》的叙事风格仍一如既往,有着鲜明的"素朴之美"和"入俗之美",故而十分"接地气"。有许多作家为了能"入俗",要特地下功夫去"体验生活",而杨教授却是将几十年医学生涯的精华融入了他的小说。

祝《枫林桥之恋》赢得读者的喜爱,祝我国的全科医学事业更上一层楼,也祝杨秉辉教授创作出更多引人入胜的医学小说。

是为序。

卞毓麟
于 2023 年国庆节

注:卞毓麟先生为天文学家,科普作家,上海市科普作家协会终身名誉理事长。

序三

杨秉辉教授的又一部医学科普小说《枫林桥之恋》问世了。

杨教授是我们的老师,我有幸先一步拜读了本书的电子版。初读前面几章,并未觉得与其他小说有什么不同之处。然而,细读小一半时,掩卷静思:本书用一个个感人的故事叙述了一批从高中毕业、稚气未脱的莘莘学子,如何被培养成一个个合格的临床医生。其中有在基层服务的、通过努力成为百姓信任的家庭医生和居民的朋友。他们正在守护着14亿民众的健康,正在践行"人生意义何在乎?为人群服务。服务价值何在乎?为人群灭除病苦……"。这恰恰是我们这个大健康时代培养医生的目标,也是上海医学院的校训。

小说主线脉络清晰,难能可贵之处是书中不仅描述了全科医生在成长过程中的工作、生活、家庭及情感历程,而且把医学科普知识自然贴切地融入其中,让我们在轻松愉快的阅读中获得科学知识。

本书寓故事性、趣味性、医学知识为一体,一定会受到广大的一线医务工作者、全科同道及居民朋友们的欢迎。

世界家庭医生组织(WONCA)亚太区常委
上海市全科医学与教育研究中心主任
祝墡珠
2023 年 11 月

前 言

我本是一个"很专科"的医生：内科，消化病专业，专攻肝脏病中肝癌的临床研究，尤其是肝癌早期发现的研究。在我们肝癌研究所，我确也可以算是一名专家。但是一旦跨出研究所，我就只是一个很普通的内科医生罢了。一个偶然的机会，让我注意到全科医学，我当时正兼任一些医疗行政工作，这使我能够理解：医学需要精深的研究，也需要知识的普及；医疗需要专家的技能和经验，更需要医生的周到和可亲。而全科医学相对于其他的专科医学而言，它偏重的便是后者，所以我职业生涯的后半部分便逐步转向了向全科医学的学习、理解和追求。

退休后还有点余力，继续做了一些医学科学普及的事情，得益于"叙事医学"的启示，试着用小说的形式写医学科普，近10年来写了100多篇短篇小说，也出版过一部以肝脏病防治为主要科学内容的长篇科学小说《祺东的黄兴家医生》。一年多前，疫情甚炽，许多传染科、呼吸科、重症科的专家工作繁重，也十分引人瞩目，不过大量的防疫工作却是由社区的全科医生、基层卫生工作者们无声无息地承担了。这引发了我写写全科医学、介绍全科医学的想法。

我曾经和我的学生们说过，假如只能用一句话来说什么是全科医学的话，这句话便是"全科医学是强调'以人为本'的医学专科"。意思是：全科医学也是与其他专科一样治人之病、促人健康的学科，只是它更强调以人为本的精神内涵，这便是它的"专长"。医学是为人服务的，全科医学的价值便应该体现在服务上。所以写全科医学必定应该从它的服务切入。

枫林桥畔的上海医学院，在将近百年之前的20世纪二三十年代便唱出了"人生意义何在乎？为人群服务"的院歌，"上医"的前辈们也一直努力践行这一宗旨。中华人民共和国成立后，中国各行各业都在提倡为人民服务，"上医"为人群服务的精神也在新时期得到了更好的延续。

本书描写了徐家霆、孙静娴、袁秀芬、钟康福、忻莉莉等全科医生、基层卫生工作者在以"为人群服务"思想指导下的工作、学习、生活和感情，所以将本书命名为《枫林桥之恋》，尽管徐家霆夫妇以及徐家霆父母的相恋皆源于在枫林桥畔读书之时，但这个"恋"字，实际上是指他们，还包括如书中的孙静娴医生等并未在枫林桥畔求学的几乎所有医务工作者对从医"为人群服务"宗旨的眷恋。

书中涉及的枫林桥、上海医学院、颜福庆先生、中山医院等都是历史的事实,用了原名。其他的情节虽然也都有事实或类似的事实根据,但作为小说皆属虚构,其中的人名、地址、单位名称等读者不必对号或猜测是幸。

这部10多万字的"医学科普小说"断断续续写来,支撑我的是对母校的崇敬之情和对全科医学的理性认识、对全科医生和基层卫生工作者的礼敬。书稿草成之后得到了许多全科医学、社区卫生服务、科普及出版专业的领导和朋友们的鼓励和指正,万分感谢。

书中的错误和不足是必定存在的,希望得到广大读者的批评指正。

杨秉辉

2023年10月

目 录

第 一 章	序幕：全科医生的"生活方式"	001
第 二 章	枫林桥畔医学院 倡导"为人群服务"	008
第 三 章	徐生立志学医 奔赴枫林桥畔	013
第 四 章	回乡"为人群服务" 有"美玉"追随	020
第 五 章	徐家有子初长成 枫林桥畔"医二代"	029
第 六 章	曾经提倡"分科治疗" 今开"全科医学"先河	035
第 七 章	枫林桥畔有知音 投身全科遇阻力	047
第 八 章	徐家霆如愿以偿 当上了全科医师	056
第 九 章	忙碌的社区医疗 徐医生很"享受"	062
第 十 章	孙静娴伤心欲绝 袁秀芬爱意绵绵	072
第十一章	生女名叫"依医" 长大还做医生	078
第十二章	临床科研 主动的医疗卫生服务	085
第十三章	袁秀芬与金不换	095
第十四章	社区卫生服务中的"全科护理"	102
第十五章	"小阿姨"的母性 老外婆的担当	106

第 十 六 章	把工作重点转向促进民众健康	—111
第 十 七 章	凡涉及健康问题　皆是分内之事	—119
第 十 八 章	医患和谐　孙医生爱上社区卫生服务	—126
第 十 九 章	卫生服务中心的两位优秀青年	—132
第 二 十 章	好人有好报　这阵子好事连连	—139
第二十一章	视如亲人老太交钥匙　改进服务家属提意见	—148
第二十二章	本当欢度春节　不料阴霾降临	—158
第二十三章	以人民为重、生命为重的抗疫斗争	—162
第二十四章	夕阳下的温情　防疫中的社区	—169
第二十五章	有情人终成眷属　夫妻俩"合资生产"	—175
第二十六章	梁教授解释全科医学　周医生介绍全科医疗	—181
第二十七章	社区防癌见成效　出国进修多牵挂	—190
第二十八章	"双签约"提升服务　徐家霆辞谢升迁	—195
第二十九章	卫生中心喜得双奖　徐家霆获评"全国十佳"	—203
第 三 十 章	事业发展中心扩容改建　医学科普促进健康管理	—211
第三十一章	尾声:继续"为人群服务"　这个结尾不平凡	—215
致谢		—219

第一章

序幕：全科医生的"生活方式"

1.

上海的初秋，炎夏的余威尚在，路人大多还穿着单薄的衣衫，但终究已是秋天了，当夕阳放送出它最后的余晖，华灯初上之时，气温也就稍稍地下降了些。夜晚，喧嚣的城市慢慢地安静了下来，比声音的分贝数下降更明显的是人们行进的节奏，青春的笑靥伴着夜曲更加醉人。整个城市的生态从生产转向了生活，由竞争转向了不同样式的安闲，尽管只是暂时的气息。

老城区的一条小马路，两旁多数是些三四层楼的建筑，这些建筑大多数都有了七八十年甚至百余年的历史了，但是保养维护得相当好，几乎看不到有任何破损的迹象。底楼清一色都是些小商铺，且售卖的大多是与居民生活密切相关的日常用品。二楼以上皆为住宅，临街多有窗户间或还有小阳台，居民出入则经弄堂内的后门，颇有老上海的风情。道路两旁的行道树是俗称为法国梧桐的悬铃木，由于道路不为过宽，两侧的行道树几乎交接在一起,浓浓的树荫,白天给小马路上的行人带来了些许凉意,然而一到夜晚它却又遮挡了些街灯的光芒,在人行道上洒下了斑驳的光影,营造出了一派浪漫和朦胧。

一段时间以来,小马路上的一家名为"马路酒坊"的小酒店却成了知名的网红打卡之地。每到晚上八点钟以后,许多年轻人,男男女女纷纷来此聚集,他们衣着随意,三五成群,互相之间也并不熟悉,但若正面相对,都会礼貌性地点头致意。他们通常进店后各人选购一瓶酒,从十多块一瓶到上千块一瓶的都有,然后便坐在人行道的台阶上,漫无边际地喝酒聊天,从贵州的"村超"足球聊到刀郎的"罗刹海市",有聊不完的话题。十点钟以后人员聚集更多,直到凌晨两点,酒坊打烊,才逐渐散去。据说这也算是一种"生活方式",如今社会进步,大度能容,也是好事。

2.

距离"马路酒坊"不远的一个弄堂深处,有几栋上世纪五六十年代建造的居民楼,楼高六层,外形简洁,朝南的窗户外有整齐划一的晒衣架,一个衣架,估计也就是一户人家。当网红打卡地人员聚集之时,此处多数窗口露出的也只是电视机屏幕闪动的光亮了。

夜深了,居民楼光亮逐渐消失,多数人家拉上了窗帘,一天的活动结束了。

第二栋三楼东头的一间一室一厅居室中,厅既是客厅也是餐厅,晚上插上台灯,餐桌也就临时充作书桌用了。南窗下窗帘半掩,男主人也是位青年,年近30,穿了件圆领的汗衫,正在临时书桌的台灯下整理着资料,这是他的"生活方式"。

卧室里传来了妻子的催促:

"家霆,睡吧,明天再弄不行吗?"

"你先睡吧,这份资料明天要全区汇总报送眼(病)防(治)所的。"

"我来帮你一起弄吧,也许可以快点弄好。"

"不用,不用,我还有一会儿就弄好了。"

时间已经过了零点,资料整理得差不多了,还需要写个小结,总结一下本社区防盲工作取得的成绩与存在的问题。

妻子穿着一件单薄的睡衣,趿着拖鞋走了过来,只是静静地坐在台子的另一侧,含情脉脉地看看她的家霆,轻轻地放下手中的一本医学杂志,表示她也没睡,在等他。

他们是一对医生夫妇,结婚才四五个月。

一阵淡淡的体香,让家霆心旌动荡起来,他想:明天早点起再写吧,正准备关上电脑……

3.

手机不合时宜地响铃了。

一看来电号码是一个陌生的号码,却是本市本地区的座机号码,全科医生的直觉告诉他:这是他服务的社区居民、而且此时来电十有八九是有独居老人有了急病!

"喂,喂,哪一位?"

"喂,喂,是徐医生吗?阿拉老头怕是不来事(不行)了。哪能(怎么)办啦、哪能办啦!"传来一个老太太焦急的声音。

"噢、噢,我是徐医生,别急,慢慢说,哪能(怎么)啦?"

"老头子吃夜(晚)饭辰光(时)还好好的,九点多钟觉着胸口闷来,我就叫伊早点睏(睡)吧,伊睏不着,到十点多钟说是胸口痛,像是被一块大石头压牢样子,左边胳膊也痛,我忒伊撸撸(给他按摩按摩),没啥用场(没效),我看伊气也透不上来了。哪能办啦、哪能办啦!"

"别急,别急。快打120叫救护车。"

"打了,打了,到现在还没来。"

"啥辰光打的?"

"五分钟、不、有十分钟了。"

"会来的,会来的。格能(这样),屋(家)里厢有阿司匹林的吧,捺(拿)六片,叫伊摆勒嘴巴里(放在口中)嚼嚼咽下去。"

"有呃、有呃,前天勒侬格得(在你那儿)配格。"

"是王贵兴老伯伯伐?"徐医生想起了,王贵兴老人是位退休工程师,80多岁了,曾任某大型水利枢纽工程副总工程师,只有一个儿子,在美国工作,老夫妻俩住在附近的幸福村。徐医生觉得他应该到他家去一下。便问道:

"你家是幸福村几号?"

"36号三楼。"老太太知道徐医生会到她家来的,心定多了。

"荃荃,你先睡吧,我得去一下。"

他得到了一个热吻,急匆匆披了件外套,带上随身的诊包,下楼跨上了助动车,在夜色中疾驰而去。

4.

幸福村 36 号的楼下停着一辆救护车,两位工作人员正从楼上抬下一位患者,老太太跟着下楼。徐医生刚好赶到,老太太看到他非常感动,对徐医生说:

"好了、好了,伊啦(他们)来了,侬(你)请回去吧。"

徐医生看了一下担架床上的病人,只见王老伯呼吸急促,面色苍白,病情严重。他提醒了一下老太太:

"社保卡带了吗?"

"带了、带了。侬请回吧、侬请回吧。"

他犹豫了一下。还是开着助动车尾随着救护车,到了市立医院急诊室。

急诊医生过来了解病情。老太太忙着说:

"医生,救救他吧,救救他吧。"

"他原来有高血压、高血脂、糖尿病。这几年经常觉得胸闷,在你们医院诊断为冠心病。昨晚九点以后胸闷、胸痛,并且放射到左上肢。"徐医生简明扼要地介绍了病情。

急诊医生听了一下心脏,护士已经量好血压,报告说:

"90 over 60"(收缩压 90 毫米汞柱、舒张压 60 毫米汞柱之意),护士们习惯在其中夹一个英文单词。

"快拉心电图。"医生吩咐道。

护士拉来心电图机接上电极,医生一看便道:

"急性心梗,快送导管室抢救。"同时对徐医生说:

"你爸是大面积急性心肌梗死,病危。要做心导管,抢救,可能要放支架。通知你们家属:病危。"并从护士手上接过来一张病危通知单交给徐医生,要家属签字。

老太太一听病危,差点晕倒。急诊医生对徐医生说:

"去安慰、安慰你妈。"又指着病危通知单说:

"你先把字签了吧。"

徐医生觉得不必向这位医生解释他不是患者的家属。便向老太太解释道:

"王先生病情确实严重,必须立即抢救,相信医生,马上签字吧。"

"听说放了支架也没用场,以后还要塞牢格。"老太太还是有些犹豫。

"**王师母,放了支架以后还需要药物治疗的,急性心肌梗死放支架是最有效的治疗方法**,现在这一关就得过啊!"

这句话让老太太终于打消了顾虑,签了字。

徐医生陪着老太太守在导管室门口,老太太觉得很是过意不去,几次催促他快回去休息,徐医生不肯离开。个把小时过去了,从导管室里出来一个医生,问道:

"谁是王贵兴家属?"

老太太、徐医生忙应声向前。医生道:

"给病人放了三根支架,现在血压已经回升到120/80毫米汞柱。一会儿送病人到ICU(重症监护室)观察,家属只能等在ICU门口。"

"啊,谢谢。"老太太还没弄懂 ICU 是怎么回事,徐医生已代表病人家属表示了感谢。老太太这才回过神来,知道抢救成功,此刻她心中最感激的是徐医生,因为她觉得这里的急诊医生抢救病人是分内的工作,而徐医生陪了来,则完全是难能可贵的额外付出。

上海医学院康泉图书馆

第二章

枫林桥畔医学院　倡导"为人群服务"

5.

20世纪30年代，十里洋场的上海。一位面目清秀、身姿挺拔、西装革履、提着个大公文包的中年人，大步流星地跨入了银行公会的大门，走进二楼的大会议室，会议室里陈设豪华，空气里飘散着咖啡与茶混杂的香味，坐着看上去精明强干的、肥头胖脑的、西装笔挺的、长袍马褂的各位先生。中年人进来与各位点头示意，侍者为他拉开座椅，他放下公文包，与邻座的一位穿西服的先生握了握手，刚要坐下时，对面一位穿长衫的长者向他拱了拱手，称他颜博士，他便赶忙站直，回了一个拱手礼，口称"瀚老，您好"。

颜博士名福庆，上海人，毕业于圣约翰大学医科，曾服务于南非金矿的华工。后赴美深造，获美国耶鲁大学医学博士学衔，学成回国后在长沙协助教会创办了湘雅医学堂，又转赴北京协和医学院任副院长。但他更有志于创办中国人自己的高等医学学府,因而受命回到上海创办国立第四中山大学医学院。学院草就,设址于吴淞。未几,日寇侵华,吴淞校址被毁,医学院只能暂栖市区红十字总会医院教学。颜院长立志重建医学院,初选地法租界内,却受法方阻挠。后选华界内的枫林桥地方,颜院长志向高远,除拟重建医学院校舍外,还拟建一所大型综合性医院,既为教学医院培养医学人才,又为民众治病服务于社会,成为其心目中的"医事中心"。

颜先生一介书生,如何有此浩瀚经费?于是凭借其医学院院长身份四处游说筹款,当日便是向金融界诸公游说募款而来。

会上颜先生慷慨陈词:上海开埠至今,城市发展,金融发达,已逐步跻身世界大埠之列,唯医学一事,远不相适应,少数医院,皆洋人所办,服务于外侨或富有阶层。至于人数已达两百余万之一般市民,一旦染疾,缺医少药,只能向隅而泣。今拟建医事中心,一为培养医学人才,二为救治平民、宣传卫生知识,三可为外洋医师暂住行医、交流学术、提升吾国医学水平。一举而数得者,此其事也,深望诸公鼎力相助……

为建医事中心一事,颜先生真可谓殚精竭虑。宋氏三姐妹之母倪桂珍女士去世,其时风尚,吊唁有赠奠仪之习俗,宋家其时社会地位崇高,各界人士所赠奠仪颇丰。颜先生竟借此时机上门游说,对宋氏家人说:老夫人一生行善,若将此善款捐助医学事业,其善大焉,老夫人在天之灵亦必乐见其成。宋家遂将该款尽数捐出。犹太富商嘉道理,起初不欲捐款,称此项目不在其考虑之列。颜先生多次上门劝捐,嘉道理感其诚,慷慨解囊。

1937年4月的一天,阳光明媚,春风和煦,沪南枫林桥畔锣鼓喧天,颜先生之"医事中心"举行落成开业典礼。医事中心由医学院及附属中山医院两部分组成,医学院与中山医院主楼外形相似,皆以黄色琉璃瓦为大屋顶,阳光之下,光彩夺目,红墙钢窗,厚重敦实,气势非凡。中国人自己创办的医学中心在枫林桥畔诞生。据其时报载:这所具有重大意义的医学院,与欧美同类医学院站在同一水平线上,是亚洲地区最重要的医学中心之一,将成为中国的新骄傲。

颜院长在开幕典礼上致词:

"我们认为做医师的人,需要牺牲个人服务社会的精神。从事医业不存在升官发财的心理,望在学校或医院服务的同仁有此决心,则医疗事业定有相当进步。"话音刚落,掌声雷动。

6.

上海本属江南水乡之地,境内河流沟渠甚多,开埠之后为便利交通,多有填河修路之举。市区南部有名肇嘉浜者,东西向,恰为其时法租界与华界之界河,北为法租界,南为中国政府管辖地界。为便利交通,河上建桥,多为木质桥梁,但有名为枫林桥者则为新式水泥桥,以便汽车通行。考其名称之由来,是因20世纪20年代初,肇嘉浜南岸平江路上有江苏交涉公署之设(其时上海地属江苏省),是为中国地方政府之外事机构,为便于通行,建成此桥。其时此处之军事首脑为淞沪护军使何丰林,有趋炎附势者,将此桥名为丰林桥。未几军阀混战,何丰林败走,里人遂以杜牧诗"停车坐爱枫林晚"中枫林二字代之,为枫林桥。

第二章 枫林桥畔医学院 倡导"为人群服务"

桥塽之路,亦名为枫林路。

枫林桥畔有了国人自己创办的医学院,莘莘学子在其中苦读。

"人生意义何在乎?为人群服务。服务价值何在乎?为人群灭除病苦……"这是黄炎培先生应颜院长之邀为这所学校所写的校歌,也是这所医学院教育的宗旨。许多年来,几经变迁,为国家培养了大量的高级医学人才。与医学院毗邻的中山医院,为纪念孙中山先生而命名。原计划开设床位 400 张,因限于经费之拮据,其时虽只开放了半数,但已是当时国人自行创办的第一所大型综合医院了。中山医院是医学院最大的综合性实习基地,与医学院一起为国家培养大量医学人才的同时,还救助了无数的病人,贡献了大量的临床医学科研成果。在医学教育与临床医疗主要由外国教会开办和操控之时,枫林桥畔的医学教育与医疗业务,无疑成了非教会背景的中国医界人士心中的医学圣殿。

1949 年后,枫林桥畔的医学院成了国家首批重点大学之一。其一级教授数量之多,甚至超过清华而仅次于北大。医学院及其附属医院都归属于国家卫生部直接领导,"全国招生、全国分配"的招生政策吸引了全国的优秀生源来此就读,又将优秀的毕业生分配到全国各地。大河上下、长城内外、东西南北,都有枫林桥畔医学院播下的种子,他们在那里生根、发芽、开花、结果。

随着国家建设的发展,1956 年,几乎像老舍先生笔下所描述的"龙须沟"一般的肇嘉浜被填平,建成了花园大道,成了肇嘉浜路。浜既不再，桥亦无存，但作为中国现代医学发展重要里程碑的枫林桥畔的医学院和中山医院仍在，而且得到了更大的发展。枫林桥虽已不在，但代表着中国医学精神的"枫林桥"仍存在于无数医务工作者的心中："人生意义何在乎？为人群服务"。枫林桥畔的医学精神，将贯彻始终。

20世纪20年代的枫林桥

第三章

徐生立志学医　奔赴枫林桥畔

7.

临江市是苏南的一个中小型城市,濒临长江,气候温和,交通便捷,经济发达,文化底蕴深厚,古代是吴楚交界之处,有"吴头楚尾"之说,吴人之精细、楚人之大气给这里的民众留下了良好的为人处世的基因。

老徐家世居此地,耕读传家。近世随着商业经济兴起、城市发展,徐家的子孙也有进城从事工商业、文教行业的。传到徐生爷爷这一代,兄弟俩在县城的一条小街上开了一个小药铺,他爷爷便坐堂行医,望、闻、问、切,以阴阳五行推演心肝脾肺的虚实寒热,然后开方抓药,也算是悬壶济世了。不过随着现代医学的兴起,徐氏兄弟的营生渐渐式微。

徐生的爸爸幼年曾跟他父亲读过两本《本草》,背过些汤头歌诀,但最终他父亲还是放弃了要他继承祖业的想法,让他学了会计,在一家银行谋了一个差事,结婚生子,成家立业。

1949年后，私营银行息业，徐生他爸转入一家国有工厂会计科工作，因其工作认真，为人正派，性情平和，历次政治运动无涉，最后还升任了会计科副科长。

徐科长育有两女一子，俱甚聪慧。长女学了会计，也算是继承父业；次女读了师范，准备教书育人；儿子名徐志毅，高中毕业了，成绩优秀，全市会考名列前茅，用现在的话说，妥妥的一个学霸。按徐科长的本意，是希望他学习工程技术，将来做个工程师建设祖国。或许是他祖父的医学基因遗传，小徐却无意于工程技术，提出希望学医，学成后可以治病救人。

同情弱者，助人于危难之中，乃是人性之美。在各种职业之中最能彰显这一美德的，便是医学。徐科长本出生于医学之家，对自己儿子想学医之意，并不感到意外，而且他对于这门来自西洋的现代医学还带有几分好奇与向往，便对儿子的想法表示支持。

应届高中生都会收集各个大学的介绍。徐志毅收集的几乎都是医科专业的招生介绍，他抽出一份给他爸爸看：上海医科大学是中国人自己创办的第一所高等医学院校，为国家培养了大量的高级医学人才。他的志向即在此校，徐科长会心地点头认可。

8.

徐志毅顺利地通过了高考。这年的夏天特别热，树上的知了叫个不停，他还用一个小竹篾笼子养了一只"叫哥哥"，他妈妈说这东西叫声可以消暑的,结果是树上的知了和挂在窗沿上的"叫哥哥",此起彼伏,形成了二重唱,暑,似乎也没消。不过俗话说"心定自然凉",徐志毅对于高考的结果很有信心,在家中安闲地看着一本古典小说。他知道这两天大学就要发榜了,所以对于楼下的门铃声也特别地留心。

上午11点钟左右。徐志毅正在帮助母亲张罗午饭,门铃响了,他擦了一擦手,跑去开门。是一封挂号信,发信单位是上海医科大学,细心的志毅还瞥了一下,还盖着枫林路邮局的章。

"妈妈,我录取了!上海医科大学。"

"好,好,好。给你爸报个信。"

"爸爸,我考取了……"徐志毅给爸爸、大姐都打了电话。正想给要好的同学通报,他停住了,心里想的是万一人家没录取呢。

考取报考时填写的第一志愿本是意料中之事,但是拿到正式的录取通知书,称心如意,还是十分地兴奋。中午很快地吃了两碗饭,平常最喜欢吃的毛豆子烧肉,也不知道吃了没有,因为兴奋点早已转移。饭后躺在床上,午觉也没睡着,满脑子都是对未来的憧憬。小说是看不下去了,做什么好呢?他有一个盒状的CD机,买过一些轻音乐的CD片,他喜欢那些空灵的轻音乐,自从准备高考,已经大半年没听音乐了。他取了出来,戴上耳机,播放"班得瑞"(一组瑞士轻音乐碟片)。啊,微风轻轻地吹过山谷,他的思绪也在随风飘扬,俨然觉得自己穿着一件白大褂,走进了诊室,拿着听诊器在病人胸前听了一下,"噢,你的心脏不大好。"他说,"我给你开一种药吃。"

"小弟,祝贺你啊。"小姐姐回家了,她在师范学院读大学三年级,放暑假了,这天在外面做志愿者。

志毅揉了揉眼睛,回过神来,会心地笑了笑,原来自己还没有做医生呢。

9.

八月底的一天,天气依然炎热,上海火车站广场上布满了各个大学的新生接待站,里外忙碌的、四下张望的、递过矿泉水的、拉着行李箱的全是年轻人,车站广场成了年轻人的世界。

徐志毅理了个平顶头,穿了一身白色运动衫裤,拉了个行李箱,检票出站。他一眼就看见了上海医科大学的接待站,从容地走了过去,一个高年级女生接待了他。

校车开了过来,他和十几位新生一起上了车。一路上高楼林立,车水马龙,徐同学并不觉得兴奋。车开了大约半小时,在一处转弯的地方减慢了车速,他清晰地看到了路牌:枫林路。他兴奋了,因为他知道他心目中的医学圣殿应该就在这附近了。唯一有点疑惑的是:道路两旁高大的梧桐树,枝叶茂盛,浓荫蔽日,似乎没有看到枫树,更谈不上枫树成林。

从此,徐志毅成了上海医科大学医学系的一名医学生。

开学典礼之后,不教解剖课、药理课,也不教内科学、外科学,而是专业思想课、校史教育课。前者是要求同学们巩固学习医学的思想:医学艰深、学制也长,学习医学的目的是治病救人,责任重大,需要医学生刻苦地学习;后者是介绍这所学校的历史,在中国医学史上的地位、成就和发展。特别强调了这所学校一以贯之的精神:人生意义何在乎?为人群服务。

考入这所学校的各位考生几乎都是第一志愿,大家有备而来,为了学医不辞艰苦。对于这所学校的认识,当然也是有的,不然不会选择它。不过对这所学校的精神确实有了新的认识,以致许多年以后毕业学生们还都记得"三个第一"的故事。

说的是这个学校的第一届第一名的毕业生,也是这个学校第一个考取庚子赔款留学名额的毕业生林兆耆的故事。一级教授林兆耆当年毕业后,考取了当时利用庚子赔款出国留学的名额,公派赴英国留学。在利物浦大学,他选择了学习热带病学。热带病,即在热带地区多见的疾病。非洲、东南亚地区都属于热带,那时候这些地区几乎都是帝国主义国家的殖民地,贫穷落后地区最多见的疾病便是传染病。当时的中国处在半封建、半殖民地的状况之下,威胁广大民众健康的也是各种传染病。所以林兆耆立志学习传染病学,要用学到的知识为广大的贫苦民众服务。学成之后又考察了欧美各国的医疗事业。

回国后的"CC林",在医学界已经崭露头角,很多人劝他开业行医,在当时的上海滩,像他这样资质的医生开业,必定名利双收。但是他记起了颜福庆院长的教诲:推行"公医制",上海医学院毕业的医生不私人开业,在公立机构为民众服务,毅然返回了枫林桥畔的母校从事医疗、教学工作,并曾发明用骨髓培养诊断伤寒病的方法,主编的《实用内科学》至今被视为中国的《西塞尔内科学》(一本国际著名的内科学名著),为中国内科医师必读的参考书。

10.

当时上海医科大学医学系的学制为七年,学习的科目繁多。属于公共科目的有:政治、语文、外语、物理、化学、生物;属于医学基础的有:解剖学、组织胚胎学、生理学、生物化学、病理生理学、病理解剖学、病源微生物学、寄生虫学、免疫学、药理学、卫生统计学、公共卫生学;属于临床医学的有:内科学基础、内科学、传染病学、外科学总论、外科学、矫形外科学、妇产科学、儿科学、神经病学、精神病学、医学心理学、眼科学、耳鼻喉科学、口腔医学、皮肤病学、全科医学概论、中医学概论,等等。每种教科书几乎都是厚厚的一大本,每门功课的授课教师都是饱学之士,他们唯恐把他们的学问遗漏了点什么没有教给学生。学生们每天都在接受着足以令他们兴奋的新知,大家都理解这些知识关系到他们今后的病人生命安危,努力去理解、拼命去强记。

医科的学制虽长,但是要学习的内容甚多,同学们每天起早摸黑,难得闲暇,也就不觉其长了。很快,六年的光阴如流水一般飞逝而去,理论学习基本已经完成,最后一年是临床实习,临床即在病人床边之意,实习是在医生们的指导和帮助下实践学到的理论知识。医学是一门实践的学问,门诊、病房、手术室成了他们的教室,一同工作的医生同时成了他们的老师,而病人的疾病在某种意义上说成了他们的教材。

除了这些功课之外还有军训、党团活动、社会工作、下基层锻炼等,整个大学生活十分充实,并富有成效。一批刚刚跨入成人门槛而稚气未脱的"大孩子",从他们父母的身边来到这枫林桥畔的医学圣殿接受了医学的洗礼。七年的光阴过去了,在国家的培养、老师们的教导下,他们的身体、知识、技能、人品都得到了良好的发展,从一个大孩子变成了一个具有良好专业素养的医生,为他们的职业生涯打下了坚实的基础。枫林桥畔度过的青春永远值得铭记。

枫林街道社区卫生服务中心

第四章
回乡"为人群服务" 有"美玉"追随

11.

毕业在即,学生们要准备毕业考试、论文答辩(医科七年制学生中成绩优秀的通过论文答辩可获硕士学位),既紧张又兴奋,因为他们即将踏入社会、成为一名治病救人的医生,达成当初学医的夙愿了。

徐志毅同学成绩优良,毕业论文亦已完成,只等待考试与答辩了。

但在这两件事以外,同学们除了少数已确定出国留学,都会考虑是继续攻读博士学位还是直接就业,有一小部分同学有志于继续读博深造,深入探究医学的奥秘。多数同学似乎倾向于后者,因为他们毕竟从小学开始已经读了19年书,也已经到了二十五六岁了,家庭的、个人的问题也要考虑了。

徐志毅也正是因为这个缘故倾向于后者。他爸于两年前因肺癌去世了,两个姐姐出嫁离开了家乡,他是个忠厚的人,觉得

第四章 回乡"为人群服务" 有"美玉"追随

有责任照顾母亲了,尽管他母亲年纪还不算太老,经济上、体力上独立生活都还不成问题,而且也多次表示了:如果他打算继续攻读博士学位,家里还能继续在经济上给予支持,甚至两位姐姐也都表示了类似的态度。但徐志毅同学意志坚毅,他觉得他应该走上工作岗位了。

徐志毅学习成绩优良,工作能力也强,有可能争取留校工作。在做毕业论文时,还因为涉及一种新型的抗癌药物,而与一家大药厂的工作人员有所交往,徐志毅的工作能力给了他们良好的印象。这是一家国际著名的制药公司,工作条件优越,待遇丰厚,他们有意吸收徐志毅去他们公司工作,部门经理亲自出面,甚至许诺他入职之后,可安排去设在瑞士的总部边工作、边培训两年。

不过,徐志毅秉承颜福庆老院长的教导:学医不是为了自己挣很多的钱,而是为人群服务。这一年的临床实习,他看到了许多病人的痛苦,也分享了他们被治愈后的喜悦。他回忆起他父亲生病时的痛苦,他觉得能为病人哪怕只是减轻一点痛苦,都是他这一生应该努力去做的事。他还是决心做一个临床医生,而且还想回家乡去做医生,因为那里医疗力量比较薄弱。两年前,回乡去探望父亲时相识的临江市立第一医院主任医师也是上(海)医(学院)毕业的学长,已经在那里工作了近30年,德艺双馨,救治病人无数,名闻一方,就曾经和他说过:

"过两年你毕业后回来啊,我们一起干。"

"上医"的毕业生到哪里都是受欢迎的。不过,尽管想法已定,他想这事也还得听听她的意见。

她是谁呢?

12.

肇嘉浜路当时是一条两侧各有人行道和单向行驶的四车道,路中间的绿化带既是车辆不同走向分界线,也是供人休憩的林荫大道。行人欲进入道路当中的街心花园,只能从与之垂直相交的道路绿灯开放时进入。一般行人并不进入,附近居民原也不多,也不喜欢绕点路走进去。枫林路附近一带的肇嘉浜路街心花园,夜晚便成了上医学子们的后花园,当然,也只是有"需要"的学生才会去。

初夏的夜晚,夕阳已经完全沉落在西头徐家汇商业区高大的楼影之下,晚霞也已经完全失去了光辉,街灯亮了,街灯为照亮马路上的行车而设,街心花园里沾不着多少光,微风吹过,茂密的树叶轻轻地摇动,街灯的光芒还是挤不进去多少。

同学或同事相恋,白天他们是同学或同事,是在一起的,晚间的幽会只是换了一个身份而已,若非初交,一般无须过多准备。但这一天徐志毅却是做了充分的准备,首先考虑的是怎么跟她说,他的口才不错,但怎么说才让她支持,他的心里还是有一些忐忑。午饭后抽空去理了一下发,是想让自己看上去精神些。晚餐时在食堂里买了一客盒饭,带到宿舍里去,三口并作两口,急急地吞了下去,又去冲了一个澡,换了一件干净的白衬衫,又把皮鞋擦了擦。6点50分,徐志毅由枫林路走进了肇嘉浜路的街心公园,找了张还算干净的长凳坐下,他知道她肯定准时来。但他没有把握,对他的打算她会不会说"不",或者会不会他们的恋情就此结束?毕业之时便是分手之日,这在大学生恋人中是不足为奇的事,毕竟人各有志,无可非议。如果果真如此,唉……真不愿想下去。

她来了,短发、白色T恤、牛仔裤、凉鞋,尽显青春活力。她机灵,早就看到坐在那里沉思的他,故意绕到他身后走过来,又突然坐在了他的身旁。徐志毅反应过来,赶忙捏紧她的手,吻了一吻。

"晚饭吃过吗?"女生关心地问。她记得有几次晚上约会,因为病房里的事情忙,他没来得及吃晚饭,饿着肚子赶过来,还不吭声……

女生姓华名玉珍,福建人,家乡地处闽赣交界的山区,民风淳朴,其父是林业局技术员,家中兄弟姐妹四人,玉珍有一兄、一姐,下面还有个小弟。山区虽较闭塞,但她家亦属知识家庭,长兄已在当地政府部门工作。福建人重视教育,山里人更多认为唯有读好书才能走出去。故华家兄弟姐妹皆接受了良好的教育。

医科的学生学习了解剖学、生理学、胚胎学、产科学,对于性器官、性行为等都具有清晰认知,应该说他们与其他同龄人相比,对异性会少些好奇与冲动,对于婚恋问题也会多些理性的思考。徐、华两人同龄,又是同班同学,七年同窗共读,相互了解、相互欣赏。他们相恋自然不单纯是荷尔蒙作用的结果。徐同学欣赏华同学勤劳朴素、天真烂漫,性格随和、善解人意,内心把她视作一块朴实无华的美玉。而她看重他的是勤奋好学、为人正直,感情细致、意志坚定,认为这些都是她心目中好男人应该有的品质。

果然,所有的忐忑都消失了,华玉珍完全支持徐志毅的想法,而且还明确无误地表示:"我也可以去你的家乡工作",徐志毅异常激动,他俩几年的恋爱终于修成正果了。他一把抱住了他的美玉,紧紧地拥抱在一起,很久、很久,幸福的泪水夺眶而出。

肇嘉浜路街心花园

第四章 回乡"为人群服务" 有"美玉"追随

13.

这年的秋天,徐志毅、华玉珍已经分别在临江市立第一医院的内科与妇产科入职。尽管他们两人都有医学硕士的头衔,但从事临床医疗工作也还得从基层的住院医生做起,这是医务界的常规。住院医生一般住在医院的医生宿舍里,无论在门诊、急诊或病房里都承担着第一线繁重的医疗工作,在病房工作期间,按要求对所分管的病人24小时全程负责,观察患者、书写病史、陪同上级医生查房,忙得连吃饭也只能匆匆几口,有时为抢救病人甚至无法正常下班休息。但是他俩还是从容应对,牢记在枫林桥畔的医学院学习时老师的教诲:医生救人于危难之中,是一种奉献大爱的职业,既然立志从医,理当无怨无悔。他们以苦为乐,努力工作,不但得到医院领导和患者的赞扬,在实际工作中大量的临床经验,让在课堂上所学的理论知识得到了升华,事业上的进步令人瞩目。

徐、华两位是一对恋人,而且正处在热恋之中,本该多花些笔墨描写他们在花前月下的卿卿我我。不过,他们真的是忙得没空谈恋爱,周末计划去逛个公园吧,徐医生负责的病人心脏停搏要抢救;晚上相约去看个电影吧,华医生却被叫去处理难产的产妇了。甜蜜的约会就这样常常被工作打断了……

两人都爱好运动,在大学读书时候徐志毅曾被吸收参加大学的划船队;华玉珍因为跑得快、动作机灵,被吸收参加垒球队。而这两支运动队恰好是上海医学院的主力运动队,甚至曾代表上海市参加省际比赛。可是现在工作太忙，已经基本上无缘运动了。只是有一次临江市卫生局工会组织了一个医务工作者运动会，华玉珍代表市一医院参赛，几乎囊括了女子100米、200米及4×100米接力的冠军。这下大家都注意到：市一医院妇产科有个华医生是个"飞人"。

恋爱没空谈，他们也不需要再谈了。从那晚在枫林桥畔街心公园里，华玉珍表示愿意到徐志毅的家乡来工作的那一刻起，他们的关系就已经明确无误地确定了。他们互相爱慕、相互欣赏。徐志毅放弃了出国、争取留校工作的机会，回到自己的家乡来工作，是为了维护心中学医"为人群服务"那一份圣洁的感情。华玉珍愿意随他而来，让他除了爱慕之外，更添加了感激之情。而华玉珍看重的是徐志毅的学识、才华，更看重的是他的道德品质、他的为人处世。

按捺不住的是徐志毅的母亲，儿子大学毕业回家乡来工作，还有一个女同学也一起来了，儿子说是女朋友，而她巴不得就是儿媳妇。人常说"丈母娘看女婿，越看越欢喜"，她看这个没过门的儿媳妇也是越看越欢喜。在双方父母不断的催促之下，第二年国庆节期间，始发于枫林桥畔的恋情修成了正果。

14.

又一年，夫妻双双晋升为主治医师。

那一年的春天来得早，当"春风又绿江南岸"的时候，一天下午，临江市第一医院的产房里，产科的华医生自己生下了一个大胖儿子。直到傍晚六点多钟,胖小子的爸爸、本院内科的徐医生才到产房来探望他的妻子和那个小生命。妻子并没有半点责备,因为知道他下午一直在抢救一个休克的病人而关切地问道:

"那病人的情况好转了吗?"

"只能说是初步稳定了吧,要看今天夜里能不能过得去了。"

"你还没吃饭吧? 妈妈送来鸡汤,还有许多,你带回去吃吧。"

产科的护士当然都认识徐医生,忙到婴儿室里去,抱出了她的大胖儿子,交给了他。逗趣地说:

"好像你啊,徐医生。"

徐医生看着自己的儿子:大眼睛,小嘴巴,好可爱哦。顿时心花怒放,啊,我做爸爸了。又看看自己妻子虚弱的样子也不知说什么好。

"你辛苦了。"他对妻子说。话是说出口了,但又觉得好像是打官腔、不够体贴。于是又加了一句:

"你好好休息吧。"

"你回去休息吧,说不定夜里他们还会找你。我这里没事,这是我自己科里的病房,你放心吧。"妻子倒是说得很实在。

护士把孩子抱走了,让产妇好好休息。

新生儿在产科,一般用妈妈的名字作称谓:这孩子叫"华玉珍之子",等到产妇出院,要给孩子开出生证,就得有个正式的姓名。

那时一对夫妻只能生一个孩子,他们实在很想生个女儿,因为这个地方的人都认为女儿是"小棉袄",贴身、贴心的意思,所以夫妇俩首先为肚子里的孩子起个女孩的名字,叫徐家华,意思是徐加上华两人爱情结晶之意。当然也备了个儿子的名字就叫徐家霆,雷霆万钧,男孩的名字得有气势。

过了两天,华医生带着孩子回家了,奶奶去给孩子上了户口,她的孙子叫徐家霆。

华泾镇社区卫生服务中心

第五章

徐家有子初长成　枫林桥畔"医二代"

15.

现代医学是一门随着科学技术发展而不断发展的科学门类。作为一个好的医生，应该给病人提供最好的医疗措施，因此他必须了解最新的医学科技信息和成果。最新的虽然不一定都是最好的，但是比原来好的一定在"新的"之中。为了让患者得到更多的康复机会，作为一个好医生必须不断学习、终身学习。

徐、华两位医生除了繁忙的工作以外，便是不懈地学习。孩子的生活确实更多是依赖了奶奶的照顾，因为有爸爸、妈妈给他做了榜样，孩子学习完全不用费心，这孩子从小就是学校的"尖子生"，学校里这点功课，学来全不费事。爸爸、妈妈的书看不完，他的书也看不完：不管是中外文学名著、还是天文地理、政治哲学、艺术类书籍似乎都有阅读兴趣。小学还没毕业，就已经自修了初中的功课，初中还没毕业，就已经自修了高中的课程。

爸妈爱好运动的基因也遗传给了他,初中的时候他已经是校乒乓球队的一员。对于音乐和绘画也极有兴趣。以致他的爸爸、妈妈都在想:这孩子长大了究竟干哪一行更好?

一个偶然的机会给出了答案:一家著名的高校要招"少年班"的学员,那年上初中二年级的徐家霆已经自修了解析几何、微积分。他的班主任上报他的名字给校领导,推荐他上"少年班",他却问校长:"有医科的少年班吗?没有我不去。"

大约全世界也没有医科大学设"少年班"的,医学需要经过长期艰难刻苦的学习,行医需要有相当的经验和历练,"少年班"在培养医学人才方面没有优势。班主任把这事告诉了他妈妈。晚上妈妈问他了:

"家霆,你以后准备读医科?"

"嗯。"

"读医科很辛苦的啊,做医生要辛苦一辈子。"确实,很多医生并不希望自己的子女将来还做医生。

"我知道。"

"那你为什么还一定要学医科?"

"因为你们都是医生啊。"

"医生的孩子并不一定都要做医生啊。"

"妈妈,你和爸爸做医生后悔吗?"这个反问很有力度。

"不会,不后悔。"确实,这也是很多医生心里的实话,这个职业崇高的荣誉感支撑着他们。

"好唻,那我也不怕辛苦,也不会后悔的。"他知道在妈妈面前是不需要说什么大道理的。

第五章 徐家有子初长成 枫林桥畔"医二代"

16.

基本上是20多年前的场景重演：8月底的一天，天气依然炎热，虹桥火车站。

徐家霆理了个跟他爸一样的板寸头（前部稍长的平顶头），听他爸说过，这种发型又叫"内科头"，"上医"的内科医生都喜欢理这种发型，显得干练、清爽。穿了一身白色运动衫、牛仔裤、白色运动鞋，拉着个行李箱，检票出站。

跟20多年前不同的是这次到达的是上海虹桥火车站。这个虹桥火车站比20多年前的位于上海北区的火车站不知道规模扩大了多少倍。初来乍到还真容易晕头转向。不过对年轻人来说问题不大，抬头、低头到处可见指引前进方向的标识。

徐家霆刚走过出站验票的闸机，一眼就看见了举着复旦大学上海医学院牌子的接待人员，从容地走了过去，一个高年级的女生引导他来到设在车站广场上的接待站。在登记了姓名、身份证号后，拿了一瓶矿泉水，上了学校派来的大巴。

还有跟20多年前不同的是上海医科大学已经并入了复旦大学，成了复旦大学医学院，全称是复旦大学上海医学院，不过简称还是"上医"。学制也变了，分为五年制与八年制两种。徐家霆考入的是医学系八年制，他将在这枫林桥畔的上医读八年，如果成绩优秀可以获得博士学位，对此徐家霆信心满满。

大巴车上都是外地前来报到的新生。徐家霆很有礼貌地跟大家点了点头，不过多数人都在注视窗外的景色，并无反应。等了一会儿又上了几位新生就开车了，大巴一路向枫林桥畔的医学院开去。大巴由枫林路转向医学院路，徐家霆看到了两栋有着黄色琉璃瓦大屋顶的红砖大楼，在阳光的照耀下熠熠生辉。

办了报到手续，新生接待站的高年级同学正在给其他新生介绍周围的环境，因为两年前的一个暑假，徐家霆已经立志学医，他爸回母校参加校友会活动时已来过这座医学圣殿，他直接跑去拍摄医学院一号大楼前草坪上的颜福庆先生的塑像了，并在心里默念着：颜校长，我来了。

今日上海医学院

17.

一间宽敞的梯形教室里,40多名医学系八年制新生在开讨论会,讨论题是:我们为什么学医。这是医学生入学后必经的专业思想教育课的重要部分。

一群十八九岁的大孩子们正襟危坐,大家彼此之间还不很熟悉,难免有些拘谨。学生辅导员做了个简单的动员,便把任务交给了临时班长。临时班长是徐家霆,也不知道他们是怎么选中徐家霆的,大概是因为他的考分高、中学给出的品德评语中有"积极要求进步,热心为同学服务"之类的赞语吧。

徐家霆是一个阳光大男孩,也不推脱,便起身说道:

"好吧,我来抛砖引玉,再请各位同学指正。我想,人的生命都只有一次,生命是如此之宝贵,我们应该如何利用它?如果浑浑噩噩地度过一生,就白白浪费了宝贵的生命。人总得为社会做些什么,才不虚度此生。革命先烈抛头颅洒热血,为我们创造了今天的幸福生活,他们的生命价值是崇高的。在今天的社会生活中,我觉得凡是能促进社会进步、人民幸福的事业都是有意义的。医学是一门保障人类生命健康的事业,而生命是人类最宝贵的财富,所以我们今后从事医学工作,应该是最有意义的人生。"徐家霆觉得他作为班长,这个头一定要带好。当然,他也确实是有这样认识的。

"古人说:不为良相、便为良医,良相治国、良医治病,所以做医生、救死扶伤,是值得我们为之奉献终身的职业。"一个带有北方口音的同学说。

"救人一命胜造七级浮屠,是佛家的说法。我并不信佛,但这个说法说明了生命的可贵,尊重生命、护佑生命,是我们学医人的崇高使命。"看来这是一位佛系青年。

"你们说的也都对,医学是为病人服务的,不过我觉得医学还很不完善,很多的病还看不好,如癌症、脑卒中(中风)、心肌梗死等,我觉得我们还有一个重要的任务,就是要研究。研究怎么治好这些疾病,最好是能研究出能预防这些疾病的方法。"一位女同学说。

徐班长听了,觉得耳目一新,注意看了一下,是一位中等身材的女同学,生得白白净净,长发垂肩,穿了一身淡蓝色的连衣裙。医科女生多,他们这个班级都是以高分录取的八年制学生,女生考起试来成绩好,他们班上女生几乎占了六成。女生有了带头人,也都积极地参加了讨论。

一两个星期以后,同学们相互之间开始熟悉了起来。徐家霆注意到这个穿淡蓝色连衣裙的女生叫刘荃,上海人,还知道了刘荃的爸爸是上海另一所医学院的教授,妈妈则是一位护士长,和他一样也是医学世家出生。

人家的爸爸妈妈关你什么事?徐家霆也觉得自己对刘荃的注意似乎多了一些。

第六章
曾经提倡"分科治疗" 今开"全科医学"先河

18.

颜福庆先生的"医事中心"包括医学院和一所教学医院。医学是一门实践的科学,医科的学生必须在医院实习,才能学到"真实世界"的医学知识,做到学以致用。教学医院的医疗水平直接关系到医学生培养的质量。颜先生是医生出身的医学教育家,自然明白这个道理。所以他在枫林桥畔重建上海医学院校舍时,就下决心建设一所附属于医学院的大型综合性医院,作为医学院的教学医院。颜先生这一着棋真高,因为要建设中国人自己创办的、为中国广大民众服务的大型综合性医院,对社会各界来说,极具号召力,使建院筹款之事得以顺利推进。

医事中心建成,两栋中西合璧的大楼耸立在枫林桥畔,居东的一栋作为附属于上海医学院的教学医院,为纪念孙中山先生被命名为中山医院,西侧的则是医学院的教学主楼,两楼内部有连廊相通,方便教研人员与医学生临床实践与学习。

中山医院于1937年4月建成开业,为国人自行创办的第一所大型综合医院。惜乎当时国家贫弱,医院也命运多舛,原计划开放病床400张,实际上由于经费短缺,只开放了200余张。而且开业不到半年,日寇侵华上海沦陷,医院停业,部分医护人员投身抗日救护医疗队,部分人员及设备随医学院辗转内迁,后合并入国立中央医院。抗战胜利,医院复原,但由于其时政治腐败、民生凋零,医院艰难维持。

1949年后,中山医院获得新生,在政府的支持与医务人员的努力下,医院的规模不断扩大,医疗技术不断提升,并创造了许多中国医学史上的"第一":第一个自制人工心肺机,开展了在体外循环下的心脏直视手术;第一个自制直筒式肾透析仪;第一个制成丝绸人造血管;第一个开展肺功能检查等。作为医学院的实习医院,为国家培养了大量的高级医学人才。医疗、教学、科研齐头并进,真正实现了颜福庆先生心目中的"医事中心"。

中山医院在创业之初即提出了"分科治疗"的特色,在国内的综合性医院中较早地划分出胸外科、脑外科、泌尿外科、骨科、普外科、肺科、心脏科、消化科、血液科等三级分科,提高了这些专科疾病的诊治水平,也培养了大量专科医学人才。

医院是医学院的附属医院,本意主要为培养本校的医学生及研究生而设。"分科治疗"的结果促进了临床医学的发展,催生了许多新的医疗技术。现代医学是一门不断发展的学科,新的诊疗项目一旦成熟,便应该向其他医院推广。而在基层医院工作的医生,每工作几年、都需要到上级医院去进修学习。所以枫林桥畔的中山医院每年都要接受卫生行政主管部门部署的继续教育的任务,大量接收进修医生、培养专科医学人才;近些年来还开展住院医师规范化培训、为各级医院培养合格的住院医师。几十年来,天南地北,在中国各地的医疗卫生系统中,提起枫林桥畔的这所医学院及附属医院,都引起由衷的赞佩和感恩的共鸣。

中山医院国家医学中心新楼

19.

十三四岁的初中生基本上还是一个孩子。不过,20世纪50年代的初期没有什么奥数比赛、小萤星合唱团之类属于孩子们的课外活动,学校的功课压力不大,大多数的孩子都能轻松应付,家里的孩子多,父母忙于生计,孩子们的课余时间都随他们自由支配。一般的家庭，女孩子们还可能会被要求帮助妈妈做点家务，男孩子们只要求他们不要在外面闯祸便可以了。

这个叫梁崇光的初中男生给人的印象比较老成，放学以后喜欢"宅"在家里看书，他爸稍微留心了一下，看的不是言情小说，也不是武侠小说，却是喜欢看些什么《三国演义》《老残游记》《甲午海战》一类的文史书籍。星期天、节假日还会独自到郊外去写生，好在也不是坏事，家长也就听之任之了。

只是不久家里人觉得这个孩子的听力下降，便带到医院去检查，据医生说是耳朵里面有水（卡他性中耳炎），可以做组织疗法（注射胎盘浸出液，当时据说是学习苏联的一种治疗方法），但是需先做胸部X线透视检查。谁知透视的结果却发现这孩子染有肺结核，孩子的家长大惊，孩子也已经知道自己生了鲁迅先生笔下华小栓生的病。

不过终究已经到了社会进步、科技发展的时代，他们找到了福州路五洲大药房楼上的肺痨科专家刁博士诊治。刁博士40岁左右，温文尔雅，看了肺部的X线片，拿听诊器听了听孩子的肺，开了一种叫PAS（对氨基水杨酸钠）的药，叮嘱休学一年、认真服药。服药三个月后复查，果然已明显好转，又过了三个月后复查，竟已基本痊愈。

一场性命攸关的疾病，竟被刁博士的一纸处方治愈。"谈笑间，樯橹灰飞烟灭"，孩子心中默念着苏轼《念奴娇·赤壁怀古》中指孙刘联盟、在赤壁火攻曹营的名句，对现代医学佩服得五体投地。

几年后高中毕业，梁崇光几乎毫无悬念地要报考医科院校，立志做个治病救人的医生。查看了招生通讯，他觉得枫林桥畔

第六章　曾经提倡"分科治疗"　今开"全科医学"先河

的上海第一医学院正是他最向往的。报名、考试,像等待着恋人的情书一样,等待着来自枫林桥畔医学院的录取通知书。天遂人愿,"情书"寄到了,于是他一头扎进了她的怀抱。

当时医疗系的学制是五年,其中经历了三年困难时期,但在国家的爱护之下,在"上医"老师们的精心培育之下,枫林桥的阳光雨露滋养了这群立志学医的莘莘学子。这个叫梁崇光的男生和他的同学们一起,逐渐成长为一个能够治病救人的医生了,距离当年找到刁博士看病刚好 10 年。

20.

时光的列车已经驶入了 20 世纪 80 年代,中国结束了特殊时期的梦魇,以经济建设为中心,实行改革开放政策。枫林桥畔中山医院也得到国家的扶持而发展,已经成为一所拥有近千张病床、名闻遐迩的"三级甲等"医院。

这年,已经担任了中山医院副院长的梁崇光应英国皇家学会的邀请,赴英国进行医学考察。

伦敦,皇家玛斯特医院史密斯教授的秘书苔丝小姐交给教授四份预约函件,教授逐一浏览后交待秘书:可安排于本周五上午 9~11 时在第三诊室诊治。秘书领命,安排顺序,通知申请人转告病人。苔丝小姐给到访的梁崇光医生看那预约函件,虽是繁文缛节,内容却十分有趣,信是一位社区全科医生所写,兹录于下:

尊敬的史密斯教授：

去年九月曾在贵院学术报告厅听取教授的学术报告：甲胎蛋白增高对肝细胞癌的诊断价值。获益匪浅，对教授的学识十分仰慕。

哈维·宋先生原籍印度尼西亚，已在伦敦居住超过十年，经营一家百货商店。宋先生患有慢性乙型肝炎，最近检查肝功能不佳，而且甲胎蛋白升高，我们为他做了肝脏超声波检查，并未发现病变。但甲胎蛋白升高让我们深感不安。因此恳请您高诊，如蒙应允，宋先生与我等皆深感荣幸。

宋先生在敝处检查资料另附如次页。

顺致敬礼

您忠诚的

哈诺德·罗斯

雷金斯泊克社区诊所全科医生

周五，病人按时如约而至，教授已知病情大概，又做了进一步的询问与体查，然后让护士给病人取血化验，病人询问是否需住院和手术等项，教授面带微笑轻拍病人的肩部，表示皆无需要，但对病人说：

"我会告诉你的医生的。"病人称谢而去。

教授取出工作服口袋中的微型录音机，录了一段话，又去看另一位病人了。

诊毕，教授回到办公室，将录音机交给苔丝小姐。苔丝带上耳机听着录音，手指在打字机上快速地舞动（其时电脑似乎尚未

普及),一会儿打成了教授给社区医生的回信。看到梁医生在一旁观看,知其有兴趣了解,便将回信交给他看,只见信上写道:

亲爱的罗斯医生:
谢谢您的信任,将您的病人转诊给我。
我已经给宋先生做了甲胎蛋白的异质体检查,待有结果时再通知你。既然超声检查未发现肿瘤性病变,最大的可能因是肝炎引起的甲胎蛋白增高,请继续给予保肝治疗与随访检查。
顺致敬礼
你忠诚的
威廉姆·史密斯
皇家玛斯特医院教授

梁医生知道这甲胎蛋白是诊断肝癌的一种化验指标,若是明显增高,应该怀疑有肝癌的可能,但肝炎也可能产生这种蛋白,做甲胎蛋白异质体检查可以帮助作出鉴别。梁医生感兴趣的是史密斯教授对病人说的:我会告诉你的医生。"你的医生"引起了他的注意,进一步了解下来,原来这就是英国人常说的GP(全科医生),于是在以后参观访问中多多地注意了这个GP的制度。

21.

梁崇光下榻在伦敦北区摄政王公园附近的一个叫"白屋"的

宾馆中，英国方面安排考察的时间颇为宽松，于是梁院长有着大把的时间可以自行支配，得以常在附近街区转悠。一天，他注意到在一个街道转角处，一辆面包车上下来两位壮汉，开了车门放下特制的起落架，将车内七八位行动不便的老人用轮椅一一送进一间大屋内，便有几位都穿着一种咖啡色服装的人员接着，室内已经有同样的几位老人坐着，有的还喝着咖啡或茶。由于门口似乎未见显著的标志，肯定不是私人住宅，梁医生便信步走了进去，有外来陌生人员进入，工作人员只点头微笑，并不查问。梁院长只好自我介绍，自己是一个中国医生，受皇家学会之邀来此考察。大约"皇家学会"来头大吧，他们也只说欢迎、欢迎，还是干他们自己的活了。

梁医生后来又去过两次，了解到：这是一个康复医疗机构，隶属于国家健康体系、由社区全科医生诊所分管的机构，换句话说也是一个公办的全科医学机构。他们将辖区内因中风或其他原因失能而又缺少照顾的老人每天接过来，给他们量血压、听心肺，然后做康复医疗，还给他们弹琴、和他们一起唱歌，中午还有午餐供应，进食有困难的还有工作人员助餐，下午也有康复医疗和看录像片等安排，傍晚再送他们回家。似乎是一种康复医疗与养老相结合的形式。据说是不收费的，但有严格的申请条件和审查手续需要履行。

梁院长深深感到这样的服务，一是需要国家的经济发展作为支撑，二是需要有良好的全科医疗服务水平和人员。这种为民众造福的医疗卫生服务，他相信我们的祖国今后一定也会做到。

第六章 | 曾经提倡"分科治疗" 今开"全科医学"先河

22.

改革开放之初,一些医疗行政人员出国访问,兴趣大多在考察国外先进的医学设备,而临床医生出访,则多关注国外同行的医学研究内容。梁崇光出访期间关注的却是英国的医疗服务模式。他看到在英国有着强大的社区卫生服务体系,**民众的一般疾病在社区由全科医生诊治处理,疑难的病例由全科医生向专科医生转诊。这样一来,民众看病就颇为方便,而且医疗质量能得到保证,对医疗专家来说,也减轻了一般医疗的应诊压力,可以有较多的时间和精力致力于医学教育和科学研究**,实在是一个很可以借鉴的制度。所以回国以后便写了一篇题为"访英观感"的文章,在相关医学"内参"上介绍了这种医疗服务制度。

随着我国经济建设的发展,民众对于医疗卫生服务的需求日益增长,国家卫生行政主管部门为增强基层医疗卫生服务,也开始关注到在一些发达国家行之有效的全科医学制度,于是也开始积极加以推进。20世纪90年代初,中华医学会成立全科医学分会,时任中山医院院长的梁崇光,被遴选为全科医学会副主任委员。

这时的全科医学在我国很不受待见。一方面民众认为什么病都能看的医生一定是"红药水医生""万金油医生""高级赤脚医生";另一方面医务同道也认为这个学科技术上的"含金量"不高,甚至不屑一顾。

梁院长却不以为意,他坚守着"上医"的精神:人生意义何在乎？为人群服务。他觉得医学的终极目标是为了促进人的健康，与其他专科医学相比，全科医学在社区直接守护着民众的健康，从这一点来说，全科医学"含金量"一点也不低。为了使这一想法更有说服力，他认真地学习国内外有关全科医学的理论和实践知识。他意识到所谓"不分科"只是全科医学的表象，全科医学的精髓应是"以人为本"。他不断地宣传这一观点，也逐步得到了大家的认同。

他风趣地说他"以权谋公"，在同志们的支持下，克服了许多困难，在中山医院创立了全国第一个三级甲等医院的全科医学科，主编了全国高等医学院校第一部全科医学教科书《全科医学概论》，主持编写了由国家科技部发布的《全科医学与社区卫生名词》，担任了《中华全科医师杂志》总编辑，并亲自在上海医学院面向本科生、研究生开设了两门全科医学的课程。在医学院与医院同仁们的努力之下，从创业时便提倡"分科治疗"的中山医院却开了"三甲医院"设立全科医学科的先河。枫林桥畔也成了中国全科医学的发祥地之一。

梁崇光自己说："我是中国大陆全科医学的一个吹鼓手。"

23.

大学附属医院的业务科室需要承担医疗、教学、科研的三重任务，首先要解决的是师资问题。全科医学科是新兴的学科，师资从何而来？全科医学界同仁们常说的便是"专科医生是全科的老师"，梁院长本是消化内科专家，他带头将他的业务工作转入了全科医学科,边学边干。在他的带动下,内科重症医学科的朱教授、肿瘤科的沈博士、内分泌科的蒋博士也转入了全科医学科……

中山医院的全科医学科开设了门诊、病房,还在社区开出了几个诊疗服务点,以方便民众就医与积累经验,在医学院开设了专业课程、招收了研究生,开始了科研工作。

不过,还有一个"行政的"问题没有解决:医院"经营"的业务项目是需要得到所在地卫生行政主管部门批准的,全科医学是一门社区卫生服务的实用技术,不属三级甲等医院的传统业务内容。中山医院的这个科目该不该批?让上海市的卫生行政主管部门有点犯难,局长决定派他的助理前来调查。

局长助理来了,这位助理姓盛名效敏,他是留英的医学博士,又在美国哈佛大学做过博士后研究,是一位被上海市政府引进的"海归"人才,暂栖上海市卫生行政主管部门工作。盛博士对此事似乎心中有数,查看了中山医院全科医学科的工作,走访了设在社区的卫生服务点,很快写出了一份报告。这份报告在卫生局党委扩大会上被充分肯定,并决定在全国先行先试,推动全市全科医学的发展。

此举不但解决了中山医院全科医学科的合法性问题,还推动了全科医学在上海市的发展。你道此事何以能如此顺利解决?说来真是事有凑巧,原来盛博士本身是一位全科医学的专家,他在英国获得的便是全科医学博士学位,所以使上述举措能顺利施行。

为了帮助中山医院全科医学的发展,盛博士还被上海市卫生局推荐加入了中山医院全科的教学团队,中山医院的全科不但有了"转行的"全科医学专家,还有了全科医学"本行的"专家,于是在培养全科医学硕士的基础上开始招收博士研究生,没几年工夫就在盛博士及各位同仁的努力下,已经培养出十多位全科医学科学博士(PhD)。

中山医院全科医学科各级、各类的教育培训工作,还获得了世界家庭医学组织(WONCA)的评审通过,暂为中国大陆的唯一。

中山医院开了大型综合医院设立全科医学科的先河,如今国务院、国家卫生健康委员会(卫健委)已明令全国所有大型综合医院必须设立全科医学科,全科医学事业在中国得到了蓬勃发展。

罗店镇社区卫生服务中心美兰湖分中心

第七章

枫林桥畔有知音　投身全科遇阻力

24.

大学阶段是人生最美好的时光。大多数就读大学本科的人,年龄基本处于 18 至 24、25 岁,可以说是生命力最旺盛的时期。大学生被视为天之骄子,社会、家庭都寄予厚望。一般而言,大学生没有太多的经济负担,亦尚未有家室之累。这些都是大学生可以和应该努力学习的条件。

复旦大学上海医学院这一部分同学的学制长达八年,国家和家庭都对他们做了大量的投入,他们都是一些学习的"尖子"、高智商的青年,当然知道珍惜这来之不易的学习机会,心无旁骛,努力学习。

一转眼五六年过去了,他们中学时代的同窗好友,凡学习其他专业的,大都已经完成学业、踏入社会、成家立业了。学制超长的医科学生对个人事业、成家立业也会十分关注。不过,可能是因为学业太重吧,社交方面一般都不是很活跃。外界的交往既少,对自己同学的关注相对就会多一些,五六年下来,在一部分男女同学中相互产生情愫也是件很自然的事。

徐家霆身高1.75米,长得甚是敦实,思想进步,学习成绩优良,兴趣爱好也多,不但乒乓球打得好,唱歌、绘画都有一手,做过班长,还担任过学生会的宣传部部长,自然也是一些女同学关注的对象,其中就有那个叫刘荃的女生。

刘荃,上海人,毕业于上海著名的市二女中,成绩优秀,父母都是医务人员,父亲还是另一所医学院校的病理学教授。刘荃生得皮肤白净,明眸皓齿,性格娴静,举止优雅,给人一种秀外慧中的感觉。她觉得徐家霆各方面的能力都强,将来在事业上必定有很好的发展前景。而且,她觉得他很会体贴人……

女孩子的感觉比较敏锐,确实,徐家霆为人友善、关心同学。有同学生病住院了,尽管他已经不再担任班长,但他必定会前去嘘寒问暖;有同学家庭发生了变故,他也会主动询问有没有他能够帮助的地方。三年级的时候,国庆节学生会组织文艺汇演,班长正为他们班级出不了节目而发愁,徐家霆自告奋勇地表示他可以独唱几首歌,班长问:

"谁伴奏?"

他知道刘荃弹得一手好钢琴,但他故意不说。

"我清唱。"同学们一鼓掌,这事就算通过了。

用过晚餐,徐家霆在餐厅门口等到了刘荃,悄悄地对她说:

"刘荃,我知道你钢琴弹得很好的,你能帮我伴奏吗?"

刘荃从小学了钢琴,曾经考过八级。不过自从进大学以后,她只想专心致志地读书,并不想张扬此事,没想到徐家霆却知道

了这件事,不过她并不生气,因为她觉得这个男生也在关注她,便假装生气的样子道:

"你不是说清唱吗?你清唱好了呀。"

"哎哟,我唱得不好,怕你不愿意呀。"好贴心的应答噢!

"好吧、好吧。"

国庆节文艺汇演,男生独唱《我爱你,中国》,演唱者徐家霆,钢琴伴奏刘荃,取得了很大的成功,并且成了他们班级的保留节目。

当然这次合作也让这两个人走得更近,更亲密了。

25.

医学是一门实践的学科,就算把医学的书背得滚瓜烂熟,也不一定能成为合格的医生。医学生需要把学到的知识放到实践当中去验证、去深化,融会贯通,才能真正派上用场。所以高等医学院校都有属于自己的附属医院以供学生实习之用。在实习阶段的医学生,称为实习医生。他们在医院医生的带教下,从事各种医疗实践,他们的身份介乎医生与学生之间。对于立志治病救人的医学生来说,他们已经开始接近人生的目标,他们会因病人的治愈而兴奋、为病人的诊断不明而焦虑、为病人的不治而沮丧。他们在感情上的起伏,甚至于胜过老资格的医生。

徐家霆出生于医学世家,父母都是直接从事治病救人的临床医生,他见惯了他们的辛劳,也理解他们的喜怒哀乐,他现在也正在亦步亦趋地踏上这条治病救人之路,夙愿即将实现,心中无比欣喜。

在临床实习即将结束时，同学们的毕业论文也即将完成，徐家霆在老师的指导和帮助下，完成的论文是**《关于肝癌的一级和二级预防》**，主要内容包括：**接种乙肝疫苗能有效地预防乙肝病毒感染，从而能减少乙肝病毒感染导致的肝癌；对慢性乙肝病人进行抗病毒治疗能减少肝癌的发生；对慢性乙肝病人进行定期的防癌检查能早期发现肝癌，从而取得良好的治疗效果。**

对医学本科毕业生的论文要求侧重在掌握文献、学会分析与写作的方法。不过在阅读这一课题相关文献的过程当中，却让徐家霆开阔了视野、拓展了思维：完成一例高难度的手术、成功抢救了一个危重的病人是临床医生们应该努力的目标，但是预防治病、减少疾病的并发症、争取病人的良好预后等群体性的医疗事务，更是医生们应该努力的方向。

他牢记着"人生意义何在乎？为人群服务"这句枫林桥畔代代相传的信条。

26.

随着国家经济建设的发展，人民群众期盼着高水准的医疗卫生服务，国家加强了对医生的医疗业务培训，规定医学院本科毕业以后，还需在国家指定的、有一定资质的医院里经过为期三年的住院医师规范化培养，考取行医执照是对住院医师的基本要求。获得医学博士学位的八年制医学本科毕业生，亦需经过至少两年的住院医师规范化培训，考试合格，方能取得正式的住院医生资格。

这一年的初夏,经过八年的苦读,徐家霆及他们这一班同学都顺利完成了学业,而且几乎都拿到了医学专业博士的学位。他们穿着博士服、戴上方帽子,在枫林桥畔欢呼他们将进入人生的新阶段。

少部分同学准备出国深造,大部分同学都准备继续在枫林桥畔这医学殿堂的各个附属医院中参与住院医师规范化培训,踏入他们的"准"职业生涯。住院医师规范化培训,按内科、外科、妇产科、儿科等分科分别招生进行。医学生在医科学校里的学习是不分科的,经过有选择的住院医师规范化培训,他们将成为内、外、妇、儿等某一科的医生。一般而言,男生多喜欢选择外科、内科专业,女生则多喜欢选择内科、妇科、儿科专业。当然,也不尽然,这要看各人的兴趣和家庭与经历方面的影响,还受制于培训单位、招收名额、考试分数等各方面因素的作用。

徐家霆们八年制医学本科毕业,他们本身的条件要较五年制本科毕业生优越,因此他们各自选择的余地也较多,可以说他们大多能如愿进入自己心仪的科室工作。

刘荃生长在一个医学世家,爸爸是一位病理学教授,研究的是疾病发生的机制,妈妈是一位护士长,常常说起临床医疗的难处。她从懂事开始就知道:尽管医学发展很快,治疗效果也在不断地提高,但是仍然有很多疾病难以根治,很多疾病的病因也尚未完全弄清楚。她投考医学院校就是为了立志从事医学研究,心脑血管病对人体健康的影响最大,肿瘤学的未知因素最多,她都有兴趣研究,最终,她选择了报考紧邻医学院的中山医院内科进行住院医师规范化培训。希望培训后能在心脏科或肿瘤科边做医生边做临床研究。

刘荃的决定当然征求过爸、妈的意见,也征求过徐家霆的意见,因为事实上他们已经是一对情侣。

27.

徐家霆出人意料地选择了报考中山医院全科医学住院医师规范化培训,这让许多人大跌眼镜,大家本来以为他一定会报考外科的住院医师培训,将来争取做一个心脏外科或者脑外科的医生,因为这常是一些学医科的男生梦寐以求的目标。

徐家霆的父母非常支持他的决定,因为他们也是从枫林桥走出的医务人员,深知人生的意义在于为人群服务,他们相信儿子的选择是对的。徐家霆也向他心爱的人解释过,他之所以要学医,是因为医生救死扶伤,是一种能体现人性之美的职业,而全科医学的精髓便是"以人为本",做全科医生或许要求的技术含量不是很高,但是在体现人性之美的意义上说却是最丰满的,以此为业,不枉此生。

问题出在刘荃的妈妈身上。刘妈妈是医院的护士长,见过各式各样的医生,她当然清楚各个专科的医生并无高下之分,但她又是女儿的妈妈,她又自然地回归世俗的观念:似乎外科医生的本事比内科医生大,因为外科医生能"开刀",开心脏、开脑袋的必定本事更大。这可能是与我国传统的中医并无大型外科手术,一般民众崇尚现代科学,便将外科手术作为现代医学的代表,对外科医生多有崇拜心理之故。再者,全科医生是在社区基层为民众健康服务的医务工作者,由于历史的原因,社区卫生服务中心的设施一般皆较为简陋,医务人员受到的医务培训较少,工资待遇也不高,与大医院的医务人员相比,常不受社会各界重视。故对徐家霆拟选择以全科医师为业一事,刘妈妈爱女心切,颇不以为然,几次让女儿开导徐家霆,希望他改变主意。

刘荃婉转地转达了她妈妈的意见,徐家霆虽然理解刘荃妈妈亦是好意,但终究这只是一种世俗的偏见,似乎不必改变初衷,他意识到问题的关键还是在于刘荃本人的态度。

初秋,一个晴朗的夜晚。徐、刘两人手挽手走进了枫林路边的一家咖啡店。这间咖啡店门面不大,里面倒还宽敞,装潢比较简朴,价格相对适中,空气里飘荡着咖啡的香味,亮着柔和的灯光,"上医"的学生们喜欢这里的氛围,徐、刘两人也是这里的常客,徐家霆进店点了两杯拿铁,因为刘荃喜欢拿铁丝滑的口感,他俩找了一个角落里的火车座,坐了下来。两人都专注地看着对方的脸,会心地微笑,一切尽在不言中。咖啡喝掉了一半,总得明确这件事啊,男生先开口了:

"关于我准备报考全科医学培训的事,你的看法呢?"

"你知道的。"女生打了一个哑谜。

"我知道什么?"男生蒙了。

"我爱的是你,不是哪一个科的医生。"言简意赅,直截了当,一如30年前徐家父母在枫林桥畔的街心公园里的情景。女生十分支持男生的选择。男生挤到女生的座位上来,搂住她的腰,刚想把嘴凑过去,女生的反应更快,一把勾住他的头,在额头上

亲吻了一下,说:

"走吧。"

他们要找一个更加私密些的地方倾诉衷肠。

28.

对于这个"毛脚女婿"(沪语未婚女婿之意),刘荃的父母是满意的。在他们看来,两个孩子从"大小孩"到成熟,八年同窗,也可算是青梅竹马,他们两情相悦,再好不过了,而且两家的家庭背景相似,也确是可遇不可求的机缘。

这回为了徐家霆执意投身全科医学,要做一个社区卫生服务中心的全科医生,准岳母心中感到惋惜,几次跟女儿说起,但女儿似乎并不介意。她心里着急,甚至想亲自出马,找这毛脚女婿面谈。不过终究是理智占了上风,觉得不便轻易"造次"。

哪知还在她犹豫之时,她的先生倒来做她的工作了,说:

"职业本无贵贱之分,医务工作者救死扶伤,都是值得人们尊敬的。医生们从事的科目不同,但哪一科不是病人所需要的呢?"

他接着说:

"我不会给病人开刀,也不会给病人处方,但我看着病理切片就能给病人下一个准确的诊断,你说重要不重要呢?再说了,这孩子一心要做一个全科医生,荃荃说是因为他认为做全科医学最能体现以人为本的医学精神、对病人的全面关怀,是一种大爱的表现。他有这种思想基础,我们荃荃今后不会吃亏的,你说是吧?"

"社区里的医生工作辛苦,待遇差。"荃荃妈当然觉得她先生说得全部在理,只好提一个实际的问题了。

"做医生,在哪里都是一件辛苦的工作,这个你是知道的。"这句话确实。他又说:

"如今国家重视发展基层卫生工作,培养全科医生,据说现在他们的工作、生活条件都明显改善了。"这也是实话。

刘荃的妈妈没话说了,她知道丈夫是她女儿讨来的救兵。换句话说,也就是她女儿也根本没有听进她的意见。只能自语:"罢了,罢了,孩子们自己愿意就好。"

虹桥街道社区卫生服务中心

第八章

徐家霆如愿以偿　当上了全科医师

29.

徐家霆如愿以偿考进了中山医院的"全科住院医师规范化培训",而刘荃考入了中山医院的"内科住院医师规范化培训"。一对恋人继续恋在枫林桥这个让他们终生依恋、培养他们"为人群服务"的医事中心,继续学习、恋爱、成长。

好日子过起来快,一晃两年过去了。经过考试,他们顺利完成了住院医师规范化培训的任务,正式获得了全科和内科医生的执业医师证书。由于他们品学兼优,被用人单位争相录用。徐家霆进入了幸福村街道社区卫生服务中心,刘荃为中华医院心脏内科录用,从此开始了他们的职业生涯。

幸福村街道社区卫生服务中心是一所位于市中心的社区卫生中心,设备条件较好,有各级医生30余人,其中70%都曾经过正规全科医师培训,担负着这一街区近3万居民的医疗保健工作。他们对徐家霆的到来表示了热烈的欢迎,而徐家霆对于这样的工作环境似乎也不陌生,因为这正是他追求的"为人群服务"的场所,早已心仪。

徐、刘二人一经入职,完全进入了他们已经期待了整整十年的职业生涯,工作繁忙,他俩早有心理准备,并不介意。只是没空谈恋爱了,不过他们的感情已经成熟,已无须再花费时间,在刘荃妈妈的催促之下,第二年劳动节,又一对由枫林桥始发的爱情,修成正果。经由简朴的婚礼,完成了他们的人生大事。这个"枫林桥之恋"的枫林桥,不过是指他们相恋的场所而已,枫林桥畔的上海医学院给他们的教育"人生意义何在乎?为人群服务",才是他们终生追求的"恋情"。

30.

"社区卫生中心来了一个博士医生。"

"不可能吧?"

"真的,我都看到了,30不到一点吧,挺帅气的小伙子。"

"来了一个新医生是可能的,你知道他是真博士还是假博士?"

"这年头假货多。"

"听说还是枫林桥中山医院那边毕业的。"

"枫林桥格面(那边)是复旦大学上海医学院,阿拉(我的)外甥就勒格面(在那里)读书。"

徐家霆的入职,引起了社区居民的关注。

过了个把月,社区的居民们慢慢认识这位徐医生了。

"社区卫生中心那个新来的徐医生态度老好格(很好的)。"

"是格呀,老早格王医生,看毛病只管开药,别样事体(事情)不管格。徐医生开仔药(开了药),还搭(对)我讲要吃得淡些,伊话(他说)吃得太咸,血压弗(不)容易降下来。"

"老早(以前)他们不看小囡的毛病,小囡有点伤风咳嗽,侪要跑大医院。上格礼拜阿拉小孙子感冒了,还有点发热,我问伊看弗看?伊讲看。就是格个新来的徐医生,开了药吃。我问伊要不要挂盐水?伊说不要,说是给小囡多喝点水就可以了。吃了伊开的药,第二天就好多了,第三天就全好了。小囡的病难弄,徐医生还真有点本事。"

"人家是医学博士,看这点小毛病不费事。"

"皮肤病不晓得会看吧?我慢性风疹块。"

"他们是全科医生,全科,就是不分科的,什么毛病都看。"

"真的吗?疑难杂症呢?"

"遇到疑难杂症,全科医生会负责转诊。"

又过了几个月,徐医生和这个社区的居民已经很熟悉了。

"我右边的膝盖,路走多了就痛,看过骨科专家,说是老年病没法治,除非开刀换人工关节。我把片子给徐医生看,他也会看的,说是老年性骨关节炎,开了药吃好多了。他还说我人太胖,若是体重能减轻一点就更好了,倒是有道理的。"

"我家老王也有关节痛,睡眠也不好,还有高血压,血脂也高,毛病交关(多),他又欢喜吃药,吃起药来中药、西药一大把一大把的,我怕伊吃出毛病来,跟徐医生说了,徐医生叫老王把所有的药都带给他看,结果带去12种药,徐医生帮他分析下来,只有五种药是必须要吃的。倒从来没有碰到过叫人少吃药的医生,这医生真好。"

"哎哟,格趟(这次)亏得徐医生,阿拉(我家)老李香烟吃(吸)了头(近)20年来,常常咳嗽气喘,晓得是吃香烟吃出来的,就是戒弗特(戒不了),徐医生奈伊(把他)转到区中心(医院)查肺功能,一查,肺功能不来事(不行)了,搭伊讲(和他说)再不戒烟真格没办法了。老李吓煞特勒(吓坏了),真奈(把)香烟戒特勒,咳嗽气喘也好勒。"

"对过弄堂里有个胖子,有一天肚皮痛,还吐了,大家都认为怕是吃坏了东西了,徐医生一看,说是心脏有问题赶紧叫救护车送医院。结果你们晓得吧?是急性心肌梗死!放了三根支架救了一条命,要是再晚一步就没命了。"

"真神了!这种医生多一点就好了!"

31.

幸福村街道社区卫生服务中心原名幸福村街道医院。别看这医院的规模不大,却有着悠久的历史。20世纪50年代初,我国曾经有过一次社会主义改造运动,将社会上的个体劳动者组织起来进行集体经营。社会上的开业医生无论中医、西医都视为个体劳动者,不再个体开业,组织起来建成"联合诊所"在其中服务,按其业务能力划定级别,按月领取工资。应该说,这在当时国家公立医院服务能力明显不足之时,也是一个很好的改革,这些"联合诊所"在保证居民基本医疗服务的需求方面发挥了一定作用。当年的幸福村联合诊所甚至还有两位医疗水平甚高的、曾经留洋的开业医生也被"联合"了进来。民众对于联合诊所的医疗服务也都十分满意。

随着国家建设的发展,政府关注民生,各级公立医院也得到了很大的发展,而临床医学也在某种程度上越来越多地依赖于各种器械检查。虽然联合诊所也得到了一定的发展,添置了一些医疗设备,也设立了一些病床,成了一家小型的医院。幸福村联合诊所也改名为幸福村街道医院,但是水涨船高,民众对医疗服务的要求也空前提高。街道医院逐步丧失了它们在地域上的优势,居民一旦生病,都会舍近求远去大医院寻求治疗。

改革开放以来,随着经济建设的发展,民众物质文化生活水平不断提高,在医疗卫生服务上追求大医院看专家的现象越演越烈,以至各大医院人满为患,形成了"看病难、看病贵"的局面。当然这一现象也并非中国所特有,大凡经济逐步发展的国家,其实都在不同程度上存在着这一现象。解决的办法是加强基层医疗、发展全科医学。这在发达的国家和地区已经有成功的案例。我国政府业已明确认识到此点,近 30 年来大力发展全科医学、培养全科医生、转型基层医院的服务模式,已经逐步取得成效。当然,要让民众完全改变就医的习惯尚待时日,亦需基层医务卫生工作人员,包括全科医生努力实践,以精诚的服务取得民众的信任。

近年各地政府大力支持基层医疗卫生事业的发展,新建房屋、添置设备、增加人员、改善待遇、拓展服务,街道医院一般也都改名为"社区卫生服务中心",体现其全面、全过程服务于居民健康的理念。要达到这一目的,其中的瓶颈是缺乏高水平的全科医生。不过在这一问题上近年亦已明显有所改善,一批有志于从事全科医学服务的医务人员,如本书的主角徐家霆医生等年轻有为的医务人员,毅然走进了社区卫生服务中心从事全科医学服务。全科医学事业的发展,前程远大。

虹梅街道社区卫生服务中心

第九章

忙碌的社区医疗　徐医生很"享受"

32.

清晨阳光明媚,幸福村街道社区卫生服务中心二楼有几间窗明几净的诊室,7点55分,徐家霆医生身着洁净挺括的白大褂,一副红色胶皮管的听诊器横挂在肩上,反衬着他深蓝色的领带,白、红、蓝,色彩鲜明,他意气风发、精神饱满,大步流星地走向诊室。诊室门口,有几位病人坐在候诊椅上聊天,看见徐医生过来,都热情地打起了招呼:

"徐医生早。"

"徐医生早。"一位老年的病人甚至还站了起来打招呼。

"早、早、早。"徐医生赶紧示意请他坐下。

"徐医生,谢谢你噢,我妈好多了,今天来还要配些药。"

"好的、好的,没事、没事。"

虽是简单的问候,但徐家霆医生很是"享受"这些,因为在大医院里是没有时间让病人和医生好好交流的,那里的病人和医生大多不相认识,诊室门口只有电脑排序后自动的叫号声:"18号请到第二诊室""19号请到第五诊室"。而在这里医生和病人之间俨然已是朋友了。

一天的工作开始了。

第一位是一个患**慢性阻塞性肺疾病(简称慢阻肺)**的老病人,因为肺部感染引发发热、气喘、咳嗽,三天前曾来门诊,应用消炎止喘的药物后,发热消退、症状好转。徐医生听了听他的心肺,跟三天前相比,**肺部的啰音(提示有炎症的呼吸音)和哮鸣音(喘息的呼吸音)明显减少了。证明病情确实是在好转之中,便继续给他开了消炎止喘的药物,告诉他还要继续服药以求进一步好转**。病人称谢准备离开。徐医生忽然想到这位病人是有高血压的,便请他坐下量量血压,血压156/96毫米汞柱,高于正常,便问起服高血压药的情况,病人这才说起高血压药已经吃完个把星期了,因为气管炎又发了,想等气管炎好了再来配高血压的药吃。徐医生告诉他这个做法不对,高血压的药不能随便停,于是便又给他开了治高血压的药。这让病人很感动,于是发了一通感慨,说以前在大医院里面看专家门诊,一种病挂一个号,每次看病都要挂两三个号,常常还挂不上号。惹得另外一位老先生也附和说老年人常常有好几种毛病,大医院里一个专家只看一种毛病,实在是不方便。

徐医生说:"我们是全科医生,处理这些常见病是我们的专业。"慢阻肺的病人话说多了,还有些喘,徐医生便让他的家属陪他回家休息去了。

第二位病人近几个月来一直咳嗽不断,但不发热,也没什么痰，已拍过胸部X线片，甚至做过一次CT检查皆未发现异常，在某大医院呼吸科看过，并服过抗生素亦无效果。病人在诉说病史时也发出一种低沉的干咳，徐医生马上追问：

"您说这几个月不断地咳嗽，就是这种咳嗽吗？"

"是的。"

"夜里也咳嗽吗？"

病人想了一下摇摇头。

徐医生翻了一番他的病历，知道这病人在三四个月前查出有高血压病，在某大医院心脏科就诊，开始服一种降压药，医生可能没跟他说明此药可能有引起咳嗽的不良反应，而病人在心脏科复诊时，因为觉得咳嗽是呼吸系统的毛病，故亦未提及此事。徐医生给病人量了量血压，倒是已经基本正常，便告诉病人**他服用的这种降压药有效，但咳嗽可能便是这种药的不良反应。如果不十分严重可以不必介意，当然也可以更换其他的降压药服用，不过其他降压药虽不会引起咳嗽，但可能有点其他的不良反应，如下肢有些轻微的水肿等**，并表示要不要换药服用，可以尊重病人的意见。

徐医生说："您看呢？"这一句"您看呢？"让病人大为感慨："没想到这里的医生这样尊重病人，真好……"

第三位病人是一个尿路感染的女病人，经抗菌治疗后已经有所好转，由于高龄行动不便，由其女带了尿液前来检查并复诊。徐医生开了药，并关照要多饮水和注意保持会阴部的清洁。

第四位是一位糖尿病病人，原本血糖已经控制得很平稳，最近因为参加"夕阳红旅行团"外出旅游了半个月,血糖很是有些波动,而且腿上的肌肉有些酸痛,脚也有些发麻。徐医生看了她血糖检查的记录,还让她脱下鞋袜仔细地检查了腿脚。便告诉病人既然已经回家,**要抓紧饮食控制,并继续观察血糖波动的情况**,又开了些相关的药物,并告诉她**要注意下肢的血液循环情况,保持脚的清洁和干燥,穿宽松的鞋以预防糖尿病足**。

第五位病人是一位中年妇女,她说她感冒了,头痛、鼻塞,全身都不舒服,要医生给她"挂些头孢"(输液并使用抗生素之意)。徐医生给她做了检查,确认她只是患了感冒,并耐心地给她做了解释,**感冒大多由病毒引起,一般抗生素治疗无效,多喝些水比输液更好,所以无须输液和使用抗生素**。徐医生给她开了抗感冒的药,病人似乎不是很放心,说:

"要是不好呢?"

"一定会好的,你放心吧。"

医生坚定的语气也会增加病人的信心,病人称谢而去。

直到中午12点20分,这天上午,徐医生一共接诊了26位病人。

33.

匆匆地在食堂吃了午餐,下午的工作是访视家庭病床的病人。

"家庭病床"是中国特色的一种基层医疗卫生服务。一些需要密切医学监护而行动不便的病人,他们可以住在自己的家里,生活由家人照顾,医护人员将他们的病情记录在案,称为"建床",建床后定期,如每周1~2次上门服务,如病情有变化,随时可以通知医生上门诊治,待病情缓解、无须密切观察时再"撤床",结束这一家庭病床的诊疗工作。家庭病床分流了一些病情相对较轻的病人,减轻了对医院病床需求的压力。病人生活在家中,得到家属的照顾,情绪亦较为安定,只是增加了社区医务人员工作的压力。

为了不影响病人的休息,下午家庭病床的访视,一般从两点钟开始。距离出发的时间还有40分钟左右,徐家霆便准备在办公室的沙发上稍事休息。刚刚坐定,却又想起一篇论文需要修改,只好放弃了休息的打算,冲了一杯咖啡,打开电脑,研究编辑部发来的审稿意见。

忙碌的人总觉得时间过得快,不大一会儿,一个亲切的声音已经在办公室门口响起:"徐医生,我们走吧。"他工作团队的护士小袁已经在叫他了。

"好的,走吧。"徐家霆关了电脑站起身来,突然想到他的出诊包还在门诊二楼的诊室里,便道:

"我还得到门诊楼去拿出诊包,你等我一下。"

小袁把手里拿的出诊包晃了一下:

"我已经替你拿来了。"

"谢谢!"女孩子就是心细,徐家霆想。

两人向停车库走去,小袁说下午家庭病床巡诊的任务共有五家,她建议先去东华三村16号的王老伯家,徐医生自然同意。

到了车库,徐医生发动他的摩托,小袁却对他说:

第九章 忙碌的社区医疗 徐医生很"享受"

"我的电瓶车有点问题,可以坐你的摩托车后面吗?"

"当然可以。"徐家霆不假思索地回答了她。

小袁护士坐在徐医生身后,用手搂着他的腰。"突、突、突"开走了。

34.

摩托车停在东华三村 16 号的楼下,他们按了 301 室的门铃,上得楼来,王老伯的老伴已经等候在门口。王老伯是位退休老工人,今年 88 岁,已经**多次脑梗,常年卧床,神志淡漠,由于前列腺肥大导致尿潴留,用着保留导尿管。这根导尿管是需要定期更换的,不然会发生尿路感染。**他们今天有备而来,护士小袁已经准备了无菌的导尿管,徐医生戴上无菌手套给换了新的导尿管。他老伴又说王老伯已经五六天未排大便了,徐医生没有半点犹豫便在手套上涂了点润滑油,将手指伸到王老伯直肠中,挖出了不少干结的粪块,这让老太太感动得说不出话来。

东华四村 51 号 202 室的唐老伯患糖尿病多年,同时还患有高血压、冠心病,两年前发现有糖尿病足。虽经市立医院糖尿病专家精心治疗,由于唐老伯对饮食控制一向不是很认真,血糖一直控制不佳,半年前右侧足跟部位开始溃烂。听说弄不好要截肢,唐老伯这才紧张起来,在社区卫生服务中心建立了家庭病床,在徐医生团队的指导下,**认真执行了饮食控制、药物治疗,血糖终于平稳,溃烂的伤口经过不断的清创、换药,伤口也有了愈合的迹象。**这次上门徐医生检查了他的伤口、测量了血压、听了听心肺,小袁给他换了伤口上的敷料。唐老伯的老伴很感慨地说:"大医院的专家还不如你们看得好呢。"小袁接着话茬说:"那是当然,我们徐医生就是医学博士。"徐医生笑了笑说:"我们是专门做这一类慢性病管理的全科医生啊。"

　　访视的第三家是新华路160弄8号302室的张老伯,张老伯一个月前因为突然发生左侧颌面部疼痛来社区卫生服务中心就诊,门诊的护士问了一下情况,便劝他去牙病防治所就诊,但病人坚持认为是"神经痛",要求打止痛针。护士便请徐医生过来看一看,徐医生觉得病人的症状似乎很严重,不像是一般的牙痛,所描述的疼痛部位也不是三叉神经痛好发的区域,便听了一下病人的心脏,并随即给病人做了心电图检查,结果却是急性心肌梗死,于是立即打电话叫了救护车送到了市立医院,放了支架挽救了病人的生命。所以张老伯与家属对徐医生的医术十分敬佩。张老伯年轻时在农村插队落户,做过两年赤脚医生,所以也有些医学知识,他对于**心肌梗死可能会复发十分担心**,于是终日**闷闷不乐,情绪抑郁**。徐医生知道这也是心梗病人常有的问题,他知道张老伯曾经做过赤脚医生,便开导他道:

　　"**心肌梗死治疗以后复发是有可能的,但不是必然的,所以我们还需要用降脂、降压、抗血小板、保护心功能等的药物治疗,只要注意休息,定期复查,争取不复发还是有可能的**。这需要我们大家一起努力,听说你也做过医生,有医学知识,比别的病人有更多有利条件噢。"

　　张老伯笑了:"我那是赤脚医生,不算的、不算的。"

　　第四家访视的是兴乐路96号3楼的孙老师,孙老师原来患有肝硬化，在例行的体检中又发现了肝癌，两个月前做了肝癌切除手术，术后肝功能欠佳，又发现了腹水。不过出院以后被社区卫生服务中心收入家庭病床，在徐家霆医生团队的精心治疗下，孙老师的腹水已经消退，肝功能也已经逐步好转。孙老师是一位中学教师，**他知道腹水标志着肝硬化进入肝功能已经不能正常履行功能的"失代偿期"，而且肝癌手术之后又有较高的复发率，故情绪颇为悲观。于是，徐医生耐心地向他解释，他此次发生腹水看来与手术的创伤有关，未必就是肝硬化进入失代偿期，经治疗后腹水已经消退便是证明。孙老师的肝癌与肝硬化病源是乙肝病毒感染没有得到有效控制，如今已经有了有效的已证明能减少肝癌复发可能性的抗乙肝病毒治疗药物，如能坚持服用，甚至对"失代偿"的肝硬化，都有可能使之"再代偿"**。孙老师是知识人士，对徐医生的解释十分信服。

在孙老师家耽搁了较多的时间，已经到了下午四点三刻，小袁提醒徐医生："下面一家访视的病人病情较轻，已经明显好转，不如给她打个电话，如无特殊情况今天就不去了吧？"但徐医生认为不可失约，仍坚持前往。

病人是家住长乐邨的归侨李女士，患有慢性阻塞性肺疾病，咳嗽、气喘常有发作，半月前又患上了尿路感染。她和家人曾长期在国外生活，有病都找家庭医生诊治，此次应她家的请求也建立了家庭病床，医生定期上门访视，李女士一家十分"享受"这个举措，逢人便说还是祖国的医生好。徐医生了解到病人呼吸道症状、泌尿道症状都已经有所好转，便让小袁护士去帮助李女士留取尿液样本带回检查，并指导她保持会阴部清洁等。这时，李

女士的先生走了过来,很客气地问道:

"请问 Dr 徐,我有眼睛的问题,可以请教吗?"

"当然可以,请讲。"

"最近这几天我的眼睛看东西突然不清楚了,眼睛前面正当中的部位,好像有一块黑布挡着,不过也不痛不痒,会不会是白内障了?"

"让我看看。"徐医生拿出诊包里的手电筒,看了看老先生的眼睛,觉得不是白内障。看小袁过来便道:

"下次我们要带一张**阿姆斯勒表**出来。"

"有的啊,在诊包当中的夹层里。"小袁随手打开诊包取了出来交给徐医生,**是一张画满小方格的硬纸片**。徐医生对小袁的细心和周到很是满意:

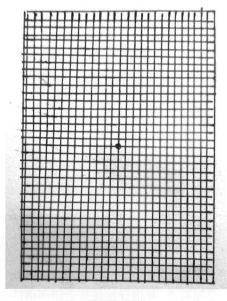

阿姆斯勒表

第九章 | 忙碌的社区医疗 徐医生很"享受"

"你自己画的?"

"嗯。"

徐医生让老先生用手遮着一只眼睛,用另一只眼睛看方格纸,分别检查两眼,结果发现老先生看见方格子当中有一块黑影,黑影周围的线条是弯曲的。于是便对老先生说**很可能是患了"黄斑变性症"**,需尽快到眼科去诊治,也许可以恢复正常,并介绍说第三人民医院眼科对此病最为擅长,他可以帮助预约门诊。

老先生十分感谢,说是天色已晚,要留他们两人去附近酒店用晚餐,两人辞谢,老先生坚持,倒是他夫人劝他说:

"这里不作兴的。(沪语不提倡的意思)"

第十章

孙静娴伤心欲绝　袁秀芬爱意绵绵

35.

小袁还是坐在徐家霆摩托车的后座,两人一起回社区卫生服务中心,毕竟是初冬的傍晚,车速稍快,便有了些寒意,小袁一面问徐家霆:"你冷吗?"一面便把身体贴向了他的后背,徐家霆知道她问这话是表示她感觉到了冷,男子生来的护花意识让他对于小袁姑娘的进一步贴近没有拒绝,小袁索性将半边脸也贴了上去,似乎听到了徐医生的心跳,不过她自己的心跳也加速了。摩托车开进了一条繁华的小街,距离他们的卫生服务中心不远了。小袁突然对徐家霆说:

"徐医生,你不请我喝一杯热咖啡吗?"小袁有点古灵精怪,本是想请徐医生喝咖啡,以便更多一些工作以外的亲近,但是话到嘴边,却改成了要徐医生请她喝咖啡,因为这样徐医生便很难拒绝,而又强调热咖啡的"热"字,则是说一起去喝咖啡的合理性,只是为了驱寒而已,以此打消徐医生的疑虑。

第十章 孙静娴伤心欲绝 袁秀芬爱意绵绵

这时徐家霆突然想起,他夫人刘荃今天在病房里轮值夜班,并不回家,自己本也是要在外面用一下便餐的。于是便回了小袁两个字:"好啊。"

摩托车停在了一家兼卖简餐的咖啡馆门口。咖啡馆的氛围要较一般的饭店温馨得多,两人选了一个火车座坐了下来,徐家霆招来了服务生,并问小袁要什么样的咖啡。小袁原本醉翁之意不在酒,喝什么样的咖啡本也无所谓,但她忽然说:"我只喝卡布奇诺。"心里想的是:下回一起喝咖啡看他还记得不记得。徐家霆笑了笑说:"刚好,我也喜欢这个。"又问小袁要点什么样的简餐,结果是点了一个鸡腿的、一个排骨的两个简餐。不过简餐送到时小袁又将鸡腿和排骨各分两半,每人一半鸡腿、一半排骨。

小袁,名袁秀芬,上海本地人,25 岁,毕业于枫林桥畔的复旦大学上海医学院护理学系,父母都在郊区从事教育工作。父亲原是一所中学的语文教师,现在区教育局担任教学督查,母亲是一所幼儿园的园长,都仍在工作中。由于独生子女政策,他们也就只有这样一个宝贝女儿,自然是十分地宠爱。女儿在市区工作,便在市区的姑妈家暂住。

袁秀芬虽在郊区长大,但是却生得十分白净,明眸皓齿,一笑两个酒窝,身材凹凸有致,一个典型的江南水乡现代少女的形象,再加上喜爱运动,在护理学院读书时便是女子体操队的队员,充满青春气息,是一个人见人爱的姑娘。可惜护理学院同学几乎都是清一色的女生,等到毕业走上工作岗位,已经二十三四岁,交友择偶自然也成了生活中的大事。姑妈受秀芬父母的委托，催促此事更是不遗余力，已经介绍过几位条件不错的男士，但袁秀芬都婉拒了，因为她一心想找个同行，以便有更多的共同语言。怎奈社区卫生服务中心也就那么大，几十位员工，男医生也就那么 30 来位。

在一般的职场里，女青年入职，总会引起单身王老五们的兴奋，在医疗卫生单位，普遍是女多男少，高学历的男青年入职，也会引起类似的反应。徐家霆顶着医学博士的头衔来到幸福村街道社区卫生服务中心工作，当然也会有这一类的效应。不过，如今的社会信息畅通，过不多久，徐医生的夫人在中华医院心内科工作的信息，已经让好几位女士感到遗憾。

袁秀芬对此也有所闻，不过在感情上她似乎难以控制。

36.

孙静娴毕业于外省的一所医学院，毕业后入职于省会的一所大型医院内科，两年后与同医院的外科医生结为连理。夫妻两人专心事业，神仙眷侣，令人羡慕。又过了几年，该外科医生有海外亲属称愿资助其赴美留学深造。行前男医生信誓旦旦，表示赴美安定之后，一定帮助孙医生申请赴美进修，则夫妻便可团聚。

孰料此君一去杳如黄鹤，多方联络无果，等来的却是一份美国律师文件，概言环境变迁，感情不再，决意离婚，各奔前程云云。孙医生阅罢，哭了一场，既然情意已绝，料无挽回之望，便签字同意，从此一刀两断。遭此变故，孙医生茶饭不思，夜不能寐，

第十章　孙静娴伤心欲绝　袁秀芬爱意绵绵

众人劝慰无效,只好告病,回父母家中将息。

大半年以后,孙医生心情稍见平复,得知此地为发展社区卫生事业,面向全国招收高校毕业医务人员,孙静娴便决心离开伤心之地,辞掉了原来单位的工作,前来应聘,入职于幸福村街道社区卫生服务中心。孙医生在外省曾有过临床工作的经验,并已晋升到主治医师职称,入职以后又经过培训,考试合格,也获得全科医师证书。

孙医生30岁,中等身材,面容姣好,性格娴静,为人和善,医疗工作能力较强,唯自外省初到,此地并无亲友,多显沉默孤单。

徐家霆是个阳光大男孩,热心助人是他一贯的作风,他注意到孙静娴比较沉闷,便也有意地多接近她一些。比如帮助她在社区卫生服务中心附近租到了一处合适的住房,中午在单位餐厅就餐时,常常有意接近孙医生,询问她在工作、生活方面有无困难,教她学习本地方言,向她介绍休息日可以去的公园、博物馆等。时间一久,便也有了一些风言风语,徐家霆并不介意,孙医生虽对徐家霆心存感激,但也开始注意回避。

37.

袁秀芬敏感地注意着徐、孙之间的接近,也注意到孙的有意回避,心里有着一种莫名的兴奋,她要努力更加进一步地贴近徐家霆,尽管她知道他们并不可能成功,但是她要的就是这个过程,她要享受一个兄长式男朋友的爱。

袁秀芬和徐家霆是一个医疗团队的,尽管家庭医生的医疗团队中理论上还应该配备药剂师、营养师、公(共)卫(生)医师与社会工作者等人员，但我国此类人员尚较缺乏，或有少数亦不足分配至各个医疗团队，相关业务职能大多由医生、护士"一专多能"兼而为之了。在医疗团队中，护士是医生的助手，工作密不可分。袁秀芬是一位大学本科毕业的优秀护士，不但精通护理技术，营养学、公共卫生方面的知识也非常丰富，而且工作积极性很高，她很"享受"与徐医生的合作，许多事情不待徐医生的吩咐，已经做在前头。她还注意到徐医生十分看重为病人服务，只要是对病人有利的事，都是要努力去做的，她也努力顺应徐医生的这份心意。所以就工作而言，徐家霆工作起来得心应手，对这位小妹妹式的护士十分满意。

每个星期有三次家访的时间，她和徐医生到病人家里去上门服务，这是她最快活的时间。她已经按常例坐在徐医生的摩托车后面，用手紧紧地抱住徐医生的腰，面孔贴近徐医生的背，感受着他的体温，似乎还感受到了他的心跳。她不介意徐医生向病人或家属多做解释，因为下班晚了，徐家霆会请她喝咖啡。她喜欢这种浪漫，她已经把徐家霆看成她的男朋友了。

咖啡馆里面的火车座，两人是对面坐着的，这天咖啡喝到一半，袁秀芬突然起身挤到了徐家霆的右边来，火车座的座椅一边坐两个人也是很宽敞的，但她故意紧挨着徐家霆坐下，她的心跳加快，呼吸加速，胸部起伏着，嘴巴里却是说着：

"孙静娴医生，人很好的……"当然是言不由衷的话，她知道徐家霆也关心孙静娴的状况，她似乎要来悄悄地告诉徐家霆关于孙静娴的什么事，让徐家霆毫无思想准备，她突然抱住徐家霆

第十章 孙静娴伤心欲绝 袁秀芬爱意绵绵

一顿狂吻。

在咖啡馆里青年男女相吻,并不引人注目,但对徐家霆来说确实有点意外。按说,他早该察觉到袁秀芬对他特殊的情感,可惜他太忠厚,他觉得她应该知道他是有妇之夫。徐家霆顿时满脸涨得通红,一边挣脱一边低语:"不要这样、不要这样。"

惠南社区卫生服务中心

第十一章
生女名叫"依医" 长大还做医生

38.

刘荃入职于中华医院的心脏内科,这是一家三级甲等医院,著名的心血管病研究所便设在该院之中,这家医院的医生身负医疗、教学、科研三重任务。刘荃生长在医学世家,她爸爸便是医学院的病理学家,专门研究疾病的发病原理。在病理学家看来,人类的疾病极其复杂,很多疾病的病因不明,还需要进一步深入研究,还有一些研究的成果怎样推及临床应用,提高治疗的效果,也需做大量的转化工作。刘荃对此十分明确,她爸的心愿,也正是她努力的方向。所以对这家医院繁重的工作不以为苦、反以为乐。

刘荃在中华医院心脏内科的门诊、急诊、病房、导管室、实验室轮转工作,如海绵吸水般地增长着知识、积累着经验。

刘荃与徐家霆两位年轻医生都一心忙于工作,他们小家庭的物质生活极其简单,但享受着新婚的快乐。岳母大人时而过来协助料理一下,母女两人也说说悄悄话,话题之一是:已经老大不小了,该要个孩子了。岳母是位护士长,她跟女儿强调的是生育的适合年龄。

转眼到了第二年的春天,刘荃和她的同事们申请到一项国家自然科学研究基金,这在年轻医生当中并不多见。她要探究的**课题是"动脉粥样硬化斑块消长相关因素的研究"。动脉粥样硬化斑块即是动脉内膜下积存的脂肪类物质,斑块如果破裂,即可引起心梗或脑梗,而如果消退,则心梗、脑梗的风险便会降低**,是一个极有意义的研究项目。

而几乎与此同时,岳母来得更勤了,关照她女儿这个、那个。因为刘荃怀孕了。

39.

当代青年比较开放,接个吻也不算什么大事。强吻之事发生之后,徐家霆与袁秀芬仍然像往常一样,愉快合作,不过徐家霆对此类事情多了几分警觉。这徐家霆真是个好人,他知道袁秀芬家在农村,农村的女孩子一般婚嫁较早,而袁秀芬今年已经25岁,她也该进入择友的阶段了。小袁进入社区卫生服务中心工作已经两年,单位里可供选择的余地的确不多,他似乎觉得他有责任帮帮这个小妹妹。

他又想到了孙静娴,她和袁秀芬不同,袁秀芬要尽量地接近他,而她似乎有意在疏远他,当然他理解孙静娴有过一段失败的婚姻,前一阶段似乎还听到甚至与他也有点关系的闲言碎语,所以她要保护好自己,把自己埋藏得深深的。不过他想:这也不是办法,怎么帮助她呢?这个事更难办了,一时他也没有主意。不过,孙医生略显苍白的脸庞,多少带点忧郁的眼神,在他的脑海中似乎挥之不去。

人说夫妻之间是可以无话不谈的,不过有些没法说得很清楚的话题,敏感而其实无关宏旨的话题,不说也罢,当然,也要看对方对这一类的事情是"小肚鸡肠"呢,还是"宰相肚量"。

刘荃十月怀胎,几乎一直工作到预产期前半个月才开始休产假,临产期前一天住进她自己医院的产科待产,次日顺产一女婴,徐家霆与岳母陪伴在侧,母婴平安。

刘荃在家休产假,多赖岳母照顾,一切顺利。徐家霆忽然觉得,他们结婚以后各忙各的工作,节假日都有值班不说,刘荃在医院工作还经常需要值夜班,即使不做夜班,每天夜晚两人也大多是各人抱着一本书去探究他们各自要学习的知识。他们理解医学不断地发展,医生必须不断地学习,乃至终身学习,才能将最新、最好的医疗技术奉献给他们的病人。不断学习是医生的天责,以至他们夫妻之间的交流都比较少,直到刘荃休产假,他们似乎才得到了多一些交流的机会。

一天,夫妻两人说到单位同事的情况,徐家霆说到他的单位比较小,女青年的婚姻问题其实需要关注,并说起袁秀芬与孙静娴的事,他问刘荃身边有无适合的对象可以介绍。她想了一下回说没有。没有,也没有办法了。两人沉默了一会儿,刘荃忽然说:

"跟我妈说说。"

知母莫如女,刘荃的妈妈是位阅历丰富的老护士长,几十年来带领过成百上千的年轻护士从事医疗护理工作,不可能不关心她们的人生大事,她一定有办法。

徐家霆茅塞顿开,借着这个兴奋的名义抱住妻子吻了一阵,他们已经好几个月没有这般亲热了。

"哇、哇、哇……"婴儿哭了,妻子说她要喂奶了,才停止下来。看着妻子掏出圆润丰满的乳房,妻子的体香加上奶香让他陶醉,徐家霆呆呆地站在一旁。

"哎哟,快拿尿布来哟。"妻子微笑着,唤醒了有点呆萌的丈夫。

40.

一个周末的傍晚,在一家简洁而雅致的小型会所。

十多位来人,有徐家霆夫妇、他们的宝贝女儿、徐家霆的岳父岳母以及徐、刘两人的同事各五位,徐家霆的同事当中包括了袁秀芬与孙静娴。

在六点十分左右,宾客皆已到齐。徐家霆身着一套剪裁合身的深灰色西服,紫红色的领带,显得很是帅气。他今天充任司仪,先是介绍了各位宾客,再说明此次聚会的目的:一是因为他们夫妇结婚时,刚刚到职不久,与诸位同事尚不熟悉,故未邀请诸位参加婚礼,此次聚会算是弥补;二是因为他的岳父母都是医务界前辈,很愿意认识诸位,有拜托诸位对他们女儿、女婿多多关照之意。大家听了都笑了起来,说徐家霆的口才好。第三才是小女今天满月,谢谢大家来和他们一起祝愿她幸福成长、一生平安,于是大家鼓掌。

　　掌声中刘荃抱着孩子从后间走出,人们的目光大多集中到孩子身上:一个白白胖胖的小婴儿,大眼睛、小嘴巴,像刘荃又像徐家霆。再看刘荃,却是面色白里透红,头发润泽乌黑,眼睛明亮。人说分娩后不久的女人最漂亮,大约是因为孕期的雌激素和黄体激素现在都归了母亲一人,而又增加了泌乳激素的缘故吧。刘荃穿着一条灰色的裙裤,上身却穿着男式的衬衫和徐家霆的一件咖啡色的夹克衫,这件夹克衫,在所有的宾客当中,数袁秀芬最熟悉。

　　刘荃的同事都在问"这孩子叫什么、叫什么?"

　　"叫依医,长大了依旧做医生。她的外公、外婆从医一辈子,她的爷爷、奶奶也是医生,祖孙三代做医生。"

　　刘荃的同事们早已估计到今天的派对应该与婴儿满月有关,所以准备了婴儿的衣服鞋帽作为礼物,"物小寻可爱",这些小物件拿了出来却让徐家霆的同事们大感兴趣,尤其是袁秀芬。他们都埋怨徐家霆保密工作做得好,这次聚会的目的全然无知。当然他们也带来了礼物,袁秀芬拿出一盒精装的巧克力,刘荃的妈妈主动过来搭讪了:

　　"小袁啊,宝宝还不会吃巧克力啊。"听了这话大家都笑了起来,小袁有点不自在,不过她的反应很敏捷:

　　"宝宝的妈妈吃啊,妈妈吃了就等于宝宝吃了啊。"小袁机智的回答,让刘荃妈妈对这个女孩子有了很好的印象。

　　会所的活动室刚好有一台钢琴,刘荃的同事们听说刘荃会弹钢琴,但平时工作太忙,哪有机会听她弹琴?这时便有人提议

第十一章 生女名叫"依医" 长大还做医生

请刘荃弹一曲,说是弹一首短一点的曲子也行。徐家霆怕夫人累着,便征求夫人的意见,刘荃却说没事,便打开了琴盖,但是她提了一个要求:希望大家听了以后说说曲名和是哪一位大师的作品。

刘荃弹了起来,旋律如行云流水、蜂飞蝶舞,让众人感到陶醉。只是大家实在想不出这首曲子的名称,当然更说不出是哪一位大师的作品了。徐家霆单位的人相信徐家霆一定知道,袁秀芬直接嚷嚷:"徐医生开开后门,告诉我们。"徐家霆两手一摊,他还真的不知道。不过他去动员刘荃揭开了谜底:

"Happy My Baby(快乐我的宝贝),音乐大师刘荃的作品。"说完刘荃自己先腼腆地笑了。

大家一起热烈地鼓掌,最最得意的是刘荃的妈妈,她没想到自己的女儿还有这一手。

晚餐是简单的自助餐,有十来个菜放在一边,为便于交流有两张长桌可坐。刘荃的父母注意到孙静娴果然比较沉默,开席时便邀请她坐在他们两人当中,席间刘荃的爸爸主动说起,他有一个老同学便在她原来工作的城市里工作,已多年没有联系了,不知近况可好。对于一位医学界前辈的问题,孙静娴自然应该积极回应。刘教授说他们是20世纪80年代上海医科大学毕业的,上医毕业的学生是全国分配的,他这位同学毕业后争取回家乡工作去了,正巧也姓孙,叫孙国舫。真是无巧不成书,孙静娴说:

"他是我二叔,在家乡做了几十年内科医生,群众都要找他看病。领导叫他做副院长,他怎么也不肯干。"

刘教授赶紧要了孙国舫的电话，两位老同学马上电联聊了起来，那边的孙医生自然就有拜托他、请他照顾他侄女的话。刘荃妈妈马上会意，对孙静娴说：

　　"只要你不嫌弃，你就把我们家当作你的家，我嫁掉了一个女儿，正愁没有女儿呢。"刘妈妈真是快人快语，她本来是想说认她做干女儿的，话到嘴边，又觉得太俗了一点，就说了这么个意思。

　　这次聚会是徐家霆和他岳母两人策划的，徐家霆的意思是告诉大家他有个十分美满的家庭，而他的岳母也是一个生性活跃的人，受了女婿的嘱托，很希望了解袁秀芬与孙静娴，他们的目的都达到了。

第十二章
临床科研　主动的医疗卫生服务

41.

这两天徐家霆很郁闷,半个月之内,他签约的家庭中有两位病人死于晚期癌症:一位是造船厂的八级技工、电焊高手陈师傅,因患晚期肝癌去世;另一位是市六中学的张老师,因患晚期胃癌去世。他记得前年刚入职时,他们两位都还"好好儿"的哩。

陈师傅患有慢性乙肝、早期肝硬化,因为肝功能还正常,加上工作太忙,一般并不来看病检查,只是有一回因为肝区不适,来要求徐医生给他做一个肝功能检查。其间说起最近工作压力很大,是因为美国一家著名的船舶公司在他们船厂定制了两艘十万吨级集装箱巨轮,催得很急。这让徐医生觉得很新奇:原来美国人也要请我们帮他造船。徐家霆给他做了肝功能、甲胎蛋白以及超声波检查,结果都还正常。徐医生虽关照他要定期检查,但也许是工作太忙吧,陈师傅一直也没有再来检查过。月初的时候,听说陈师傅已因晚期肝癌在某医院过世,这令徐家霆唏嘘不已。

张老师一直患有胃病，倒是常来社区卫生服务中心配些药吃，但是对于做胃镜检查的建议一直不愿考虑，原因是几年前曾经在某医院做过一次胃镜，感觉十分难受，不愿复查。直到三个月前因为呕血，在某医院再**做胃镜检查时已确诊为晚期胃癌，并有肝脏及锁骨上淋巴结转移，因而失去手术治疗的机会**，上周在社区卫生服务中心的宁养病房离世。去世前徐家霆去看望他，他很是懊悔自己的过于固执，却也让徐医生十分自责，觉得自己作为一个全科医生，应是人们健康的守护神，做得还很是不够。

徐家霆决心要在社区肿瘤防治工作上走出一条新路来，他不断地查阅文献，咨询从事肿瘤工作的同学和老师，一再地修改初步的方案，测算可能遇到的困难，预期能获得的效果。度过了多少不眠之夜，徐家霆的《幸福村社区肿瘤防治方案》(初稿)终于成形。他需要征求同事们的意见，便先在家中征求他夫人的意见。刘荃虽非同事，亦不从事肿瘤方面的工作，但是妻子对丈夫工作的支持当然胜过同事、强于同行。刘荃详细地了解了徐家霆的工作计划，深为丈夫为民众服务的热忱所感动，也为这个计划考虑的周到而折服。当然也对计划启动时的宣传动员、资料的保护与收集等方面提出了自己的意见。

42.

徐家霆的思考是：**肿瘤几乎涉及全身各个组织和器官，治疗的方法各异，通常分别由各专科的医师进行诊疗，治疗的效果在**

很大程度上取决于诊断的早晚,而诊断的前提是发现肿瘤的线索。在社区工作的全科医生,在肿瘤的治疗方面能参与的机会不多,但对肿瘤早期发现的线索追踪却几乎都在社区日常的医疗保健工作之中。因此他要利用在社区从事医疗保健工作的条件和全科医生广泛的医学知识,争取做好肿瘤的早期发现工作。他认为:**肿瘤的早期发现应该是社区肿瘤防治工作的重点。**

徐医生根据肿瘤的常见性、严重性和可操作性,选择肿瘤学界常说的所谓"五大癌"即:肺癌、胃癌、肠癌、肝癌及乳腺癌作为防控研究的对象。

首先是**需要摸清楚在本社区内哪些人是这五种癌症发病的高危对象,然后将他们的情况登记造册,分别制定定期复查的规划,其中有癌前病变需要进行治疗的,还需制定治疗计划。再将这些检查治疗的计划与当事人沟通,并取得他们的同意与支持。在这个检查治疗计划实施的过程当中,社区的全科医生从被动接受相关人员的诊疗要求,到主动地去实施对这些高危对象的检查和治疗,以达到癌症早期发现目的,体现全科医师作为健康守门人的职责。**

徐家霆医生知道他要做的这项工作绝对符合全科医学的理论——预防为主、防治结合;绝对属于社区卫生工作的范畴——慢病防治、民众保健。但是,这不是上级布置的工作任务,也不是申请得来的科研课题,只是自己凭着"为人群服务"的热情,而自我加压、找出来的事情,而且这件事肯定不是一个"短、平、快"的项目,需要若干年的努力才能看出成效。对于这些,徐家霆是有思想准备的,他有信心希望通过八至十年的努力,能够在社区肿瘤的防治上走出一条新路来。

以早期发现为目的的五大肿瘤社区防治的技术问题，徐医生的考虑逐步成熟。但是这项工作除了技术以外，还有若干外部环境的、社会的难题，这对徐家霆来说也是一项考验。他知道要做好这件事必须得到单位领导和同事的支持以及社区民众的配合。全科医学的理念是要调动一切积极因素促进民众健康，作为一个全科医生，他应该努力去争取方方面面的支持。

好在徐家霆在大学里就是一个学生干部，做社会性的工作，他还是有一些基础的。他觉得这事首先要得到单位领导的支持，才能有下一步的行动。

43.

幸福村街道社区卫生服务中心主任兼书记王兴国医生，五十大几的年纪，医学专科学校毕业，在部队里干过军医，转业后一直在社区卫生服务中心工作，处理常见疾病也很有经验，担任社区卫生服务中心的领导工作也已多年。王主任平易近人，在附近居民中口碑甚好，对院内职工的工作、生活也十分关心。

徐家霆向王主任汇报了他关于开展社区肿瘤防治工作的计划，王主任对年轻医生积极主动开展工作感到十分欣慰，当即表示赞同，并语重心长地对徐家霆说了三件事：

一是这是一项具有前瞻性的研究工作，需要长时间的随访观察才能得出结果，需要有充分的思想准备；

二是不能单打独斗，需要虚心求教，争取全院同志的协助，

第十二章 | 临床科研 主动的医疗卫生服务

还需向上级医院寻求支持;

三是要大力开展防癌科普宣传,让社区群众理解这项工作的意义,从而主动参与高危对象的随访观察。

徐家霆觉得王主任所说句句在理,几乎是和他想到一块儿了。说实在话,徐家霆前几年在枫林桥畔的医学院附属医院实习培训,接触到的主任、院长都是饱学之士,觉得他们的学识和见解都比自己高出十万八千里。进入社区卫生服务中心,他的学历算是最高,几位老医生也都只是本科毕业,徐医生主动到社区卫生服务中心来工作,是为了实践他学医的宗旨:为人群服务。王主任的这一席话,也让他感觉到钦佩,更坚定了把这项工作做好的信心。

在全院每周的工作例会上,王主任让徐家霆介绍了关于开展社区肿瘤防治工作的计划,并号召全体医护员工支持徐医生的这项工作。过了几天,王主任交给徐医生一张"科研立项"申请表格让他填写,原来王主任已经帮助他争取到市医学会的一个科研项目,这样徐医生的社区肿瘤防治工作便可以纳入正式的科研项目,名正言顺地进行,也有了一定的经费保证,这让徐医生感觉到十分温暖。

44.

以往社区卫生服务中心并不承担科研任务,不过,随着近年来全科医学的理念在社区卫生服务中逐渐明确,作为临床医学的一个重要分支学科,全科医学也必须不断地结合临床医疗工作开展医学研究、提高服务质量。徐家霆医生提出的社区肿瘤防治的研究与这一发展趋势十分吻合,所以无论是王主任还是医学会都表示了支持。

消息传开,幸福村社区卫生服务中心大多数医务人员对徐医生的计划都表示支持。卫生服务中心有两位老医生也觉得后生可畏,但又认为事是好事,做起来恐怕并不容易,民众未必有这个意识配合,很可能弄到后来不了了之。当然也有人觉得徐医生没事找事做,在这个基层卫生单位做什么科研,一定是想出出风头罢了。孙静娴医生心里倒也钦佩徐家霆医生积极的工作态度,觉得自己应该努力帮他完成这项研究工作。果然,徐家霆医生来找她了,因为他觉得对妇女乳腺癌的检查,由女医生担当更好,孙医生当即表示了同意,还有社区卫生服务中心一位赵姓的女医生一并协助。当然最积极的是袁秀芬,她觉得她和徐医生属一个医疗小组,徐医生的事就是她的事,她要竭尽全力帮助徐医生完成这项研究。

这项工作的基础是首先要摸清辖区内民众有哪些人是这五种癌症的高危对象,虽说社区居民都有一份健康档案存放在社区卫生服务中心,健康档案中一般都有既往病史和基本的体检结果,徐家霆与袁秀芬花了个把月的业余时间翻阅了这些健康档案,也掌握了部分患有慢性肝炎、慢性胃炎的病例以及个别有肿瘤家族史的病例,但除了经常来社区卫生服务中心门诊的病例外,多数民众近年的健康状况、体检结果等皆少继续登记录入,健康档案还没有"活"起来。

45.

徐家霆和袁秀芬通过查阅健康档案,摘录了六七十位患有慢性肝炎、慢性胃炎的病例以及个别有肿瘤家族史病例的病案,作为他们这项研究最基本的资料。徐家霆估算可能只是他们应该掌握的五大肿瘤高危对象中的很小的部分,怎样才能尽可能多掌握这些对象的资料呢?首先他想到的是:应该开展科普宣传,将肿瘤早期发现的意义和方法向广大社区民众解释清楚,争取民众积极响应。为此,他准备了一个名为"社区常见肿瘤防治"的科普讲座。

一个周末的下午,幸福村小学礼堂座无虚席,社区民众早已得到了通知,刚刚吃完午饭,便有一些民众早早地来到礼堂,他们要听徐医生的讲座。下午二点整,讲座开始,卫生服务中心的王主任做了开场白,表示对这件事情的支持。热烈的掌声中徐家霆开讲了。

他说,肿瘤如今是一种常见病了,对人们的健康危害很大,但是**肿瘤也是一个可防可治的病,预防肿瘤需要关注人们的生活行为:比如应该有合理的营养、适当的运动以及良好的心理状态,戒烟、少饮或不饮酒。而肿瘤治疗的效果几乎完全取决于发现的早晚,早期发现的肿瘤能取得很好的疗效,甚至可以治愈。**要早期发现肿瘤,则需要在它没有发作时就定期检查。当然也并不是每一个人都要定期检查肿瘤,**有些人患某种肿瘤的机会比较多,这些人可以称为某种肿瘤**

的"高危对象","高危对象"并非一定会患这种肿瘤,但定期检查便可以在万一发生肿瘤时获得早期诊断,这就是"肿瘤筛查"。

接着,徐医生又介绍了几种常见肿瘤的高危对象。

肺癌:吸烟者或戒烟不足15年者、长期被动吸烟者、从事石棉等工作者、40岁以上的有肺癌直系家族史者。

胃癌:慢性萎缩性胃炎患者、曾作胃大部切除者、胃息肉患者、40岁以上有胃癌直系家族史或幽门螺杆菌感染者。

肝癌:慢性乙肝或丙肝病毒感染者、肝硬化患者、嗜酒者、糖尿病合并脂肪肝患者、40岁以上的有肝癌直系家族史者。

肠癌:家族性腺瘤型肠息肉症患者、克罗恩病患者、40岁以上的有肠癌直系家族史者。

乳腺癌:慢性囊性乳腺病患者、40岁以上的有乳腺癌及卵巢癌直系家族史者。

徐医生希望能对这些对象定期做防癌检查,并对相关疾病做相应的治疗。

科普讲座取得了良好的反响,在居民们一再要求之下连续做了三场,在徐医生这儿登记的、自愿纳入肿瘤防治随访的对象也有了四五百人,人数还在不断增加,甚至还有其他社区的民众要求加入。

对于这个结果,大家都表示满意,袁秀芬大概是出于爱屋及乌的心理吧,更是显得高兴。

| 第十二章 | 临床科研 主动的医疗卫生服务

46.

袁秀芬也确实是一个很聪明而且敬业的人,她知道社区肿瘤防治这一个项目要有准确的结果,需要有足够的研究观察对象,还需要继续拓展高危对象纳入的数量。

一天,她向徐医生提出,如今体检已经颇为普及,许多人都有参加体检的机会,但当他们拿到体检报告时一般都很难完全看懂,体检查出的问题涉及多科室,一般专科医生也很难说得明白,解读体检报告全科医生倒有所长,可以开设一个类似"体检报告解读"的门诊,居民一定欢迎。维护人的健康是医学的终极目标,**虽说社区卫生服务中心一般并不承担体检的任务,但体检发现的问题关系着民众的健康状况,社区卫生服务中心理应掌握,并对查出的问题做相应的处理,其中就包括某些与肿瘤相关的迹象,如肿瘤标志物的轻度增高、肺部出现细微的小结节、粪便隐血试验阳性等皆应记录在案,纳入随访观察的对象之中。**这样便可以拓展社区肿瘤防治的研究对象。除此之外,**对于血糖、血脂、血压轻度增高或临界增高的人群也可以另案记录,对他们进行生活行为的干预,控制饮食、增加活动、减轻体重等,以逆转他们"三高"的倾向,也是一件很有意义的事。**

徐家霆听罢,觉得小袁的话句句在理,连连称赞她的建议。

徐家霆又将这件事与孙静娴医生作了沟通,希望她参与此项工作,并具体承担关于"三高"的防控研究。孙医生有较多的临床经验,她觉得在"三高"的临界状态中,以空腹血糖增高、糖耐量受损两者最为确切，因此可以糖尿病预防为切入点开展工作。徐家霆也非常赞同。

又一天，徐、孙、袁三人一起向社区卫生服务中心王主任作了汇报。王主任当即表示，这样做完全符合社区卫生服务的宗旨，一定支持。

在社区卫生服务中心每周的例会上，王主任表扬了三位医护同志主动积极的工作态度，并指出这项工作也开启了社区卫生服务中心做临床医学研究的先河，并安排了赵医生、钱医生等参与和配合他们的工作。

消息传开了，社区居民们都说好，纷纷拿了自己的体检报告来幸福村社区卫生服务中心体验这个特色服务，当全科医生告诉他们没有问题时，居民们会说：

"谢谢、谢谢，这下子真正放心了，你们的这个服务真好！"

看出有点什么问题的，当场给予解释和安慰，有的也开始进行了一些治疗和定期的随访。而这些相关的体检资料又被登记到他们的健康档案中，于是居民们的健康档案"活"了起来。社区肿瘤防治研究项目列入研究的人数，几个月下来几乎增加了一倍，而糖尿病防治研究的项目也有了百来位列入研究的对象。

幸福村社区卫生服务中心结合临床医疗，主动开展社区慢性病防控研究工作，提高了服务水平，赢得了社区民众的信任，受到了市卫生主管部门的表扬，有关媒体也作了报道。

第十三章

袁秀芬与金不换

47.

咖啡馆强吻之后,徐家霆与袁秀芬这一对医护工作伙伴,在工作中依然配合默契,并且彼此相互欣赏。袁秀芬对徐家霆的爱慕之情更加升温,徐家霆俊秀的面庞、宽阔的胸膛在她的脑海中挥之不去;徐家霆睿智的目光、醇厚的语音充满了她的耳目;她渴望触摸他的衣衫,因为她知道这里面包裹着他健壮的体魄;她希望嗅到他身体的气息,因为她知道这里边包含着他雄性荷尔蒙信息。她又精心设计并实施了第二、第三次,尽管她参加过徐家霆女儿满月的家庭招待会,知道他已经有一个美满的小家庭,她爱他,她并不想破坏他的家庭,但就是控制不住去想他,她认为爱是不需要理由的。

徐家霆虽然觉得袁秀芬这方面有点过分,但并没有把这件事情看得过分严重,现代青年男女在交往中有此类身体上的接触,也不算过于出格。徐家霆是一个待人宽厚的人,他只觉得这个小妹妹般的同事天真烂漫，比较"黏人"罢了。他也知道她已经二十五六岁了，婚恋问题需要帮助。这事通过刘荃跟她妈妈说过，几个月了还没有音信。

这事情还真是凑巧，徐家霆有个中学同学，名叫金博贺，同学们都叫他"金不换"的，中学毕业后考入财经大学，攻读国际贸易专业，毕业后在一家外资进出口公司工作了几年，便自己注册了一个公司专营纺织品进出口贸易，又打拼了几年，在业界已经小有名气。有事业、有房、有车，当然也不乏追求者，他自己公司的、朋友公司的、亲戚家的、社会上的高颜值年轻女性"可以抓一把"。不过这位金同学脾气却有点怪：凡是主动追求他的，他都认为她们是为了追求他的金钱，而不是真爱。他希望有自己相中的，努力追求才得到的。成功的商界人士多有这样一个共识：自己在外面打拼，家庭应该成为一个温馨的港湾。而这位金老板更有自己的"见解"：这港湾的主持者必须有相应的文化层次，不然没有共同语言，学理工的大多无趣，学文科的偏于迂腐，学金融的可能"干政"，搞文艺的难于把控，最好便是学医科的，但医生太忙，护士最好，护士的天性便是照顾人。他想到了他的同学徐家霆，恰好他的公司也在这个城市，虽然这几年来大家各忙各的事业，也很少联系，但现代通信手段发达，当然不难再续联系。

这天傍晚，徐、袁两人对病人的家访结束，在返回卫生服务中心的路上，"刚巧"遇见了这位老同学，不容分说，两人被这位热情的金同学拉进了一家茶餐厅。老同学见面似乎有说不完的话，但是这位金同学情商一流，他决不会让袁秀芬感到被冷落，金同学在说他自己的事,但是不断提道:"袁小姐你猜后来怎样?""袁小姐你说对吧。"似乎这第一次见面的袁小姐已经和他很熟了似的。

晚餐之后大家互相加了微信,袁秀芬觉得这个人也挺有趣的。后面的事已经无须多费笔墨,读者也都应该猜到结局了。

48.

徐、袁两人的涵养功夫也真好,他们每天上班工作,有说有笑,但绝不提这个金老板这人。当然,徐家霆也注意到,有时一下班,袁秀芬便会匆匆离开了。

一天,岳母打电话来问了:"小袁的事最近有什么着落?"当然问的并不是小袁和姓金的之间的事,她也并不知道这件事,她问的意思是小袁姑娘最近有了男朋友没有。看来可能是女婿托她的事有了些眉目。

岳母大人问话,自然如实相告,只是被问起三四个月下来发展情况如何时,却无言以对,结果被岳母嗔怪:"你既然做了好事,就应该继续关心才是啊。"女婿连声称诺。于是赶紧打电话问他的金同学:

"你跟袁秀芬的事,怎么样啦?有没有进展?"

"你们医务界的人都是这样的吗?这个堡垒很难攻啊,老兄帮帮忙啊。"

"你们到底发展到什么阶段了?要我怎么帮你呢?"

"嘿,我觉得我们都老大不小了,我对她很满意,她对我也应该很满意的噢,所以上个星期……"

"唉,慢点、慢点,你说什么?她对你也'应该'很满意,是什么意思?"

"我条件很好的呀,即使不谈经济实力,我长得虽然不及你帅,不过身高1.72米、体重80千克,稍微胖一点对吧,成功的男士都是这样的噢。我跟她说了'我可以供养你一辈子,我们结婚以后你可以不要这样辛苦的工作了……'"

"完了、完了。"

"怎么了?"

"小袁是一个事业心很强的女孩子,你要她不工作,做你的'金丝鸟'(笼中鸟,意为玩物),她才不干呢。"

"那怎么办呢?怎么办呢?"

"这事我可没办法。另请高明吧,好在现在社会上追求享乐的女孩子有的是。"

"实话告诉你吧,这些年来追求我的女孩子也不少,还不是看中我的钱财,这样子追求享乐的女孩子我不喜欢。"

"好啊,你得首先尊重她的人格,凡是她愿意做的事情你都应该表示支持,你要改变她的想法,也需要有一个过程,把决定权交给她自己,怎么可以这么简单地叫人家不工作,就一辈子依附于你呢?"

"嘿嘿嘿,你这家伙真有两下子,怪不得早早地就骗到一个老婆了。"

"瞎讲,我29岁才结婚的呀。"

"可我现在都32岁啦。"

第十三章 袁秀芬与金不换

49.

徐家霆是一个乐于助人的人,他觉得他这同学也不容易,多年打拼、事业有成,"金不换"成了"钻石王老五",估计追求他的人确实也不会少,但是要找到真爱也确实不容易。再说了,帮他也是为了帮小袁啊,这姑娘也已经不小了。

第二天,他想去了解了解小袁的看法,一则是想去帮帮他的金同学,同时也是为了给他岳母一个明确的回复。

午餐的时候没有碰到袁秀芬,午餐后徐家霆一般在二楼的第二诊室稍事休息,袁秀芬则多数是在工会图书室看看杂志。徐家霆给袁秀芬发了一条微信,让她到第二诊室来一下,这个时间、地点他们也常常碰头讨论点什么事情的。袁秀芬来了,不等徐家霆招呼,便坐在了徐家霆诊台旁、病人坐的位置上,距徐家霆一手臂的距离,面带微笑两眼盯着徐家霆,等他发话。

徐家霆也看着袁秀芬,他似乎是刚刚发现:这姑娘长得还真不错,皮肤白净,明眸皓齿,笑起来还有浅浅的两个酒窝,身高估计在1.65米以上,护士服上的腰带更显出她的身材凹凸有致。心里在想:难怪"金不换"不肯放弃她。

袁秀芬还是在等他发话。

"我的这同学人还好吧?"徐家霆终于想出了一句似乎很平淡的问话。

"你们两个坏蛋联手算计我。"袁秀芬笑着说。

徐家霆心里有底了:"你们两个坏蛋",是把"金不换"和我放在同一个等级上了,看来有希望。

"我们同学时大家都叫他金不换,拿金子来都不换,好货色的意思。"

"所以弄到后来还是去做生意了。"小袁似乎对于"做生意"这件事并不很中意,这也是一般从事技术工作的人常有的思维。

"士农工商,缺哪一行都不行。"徐家霆觉得这恐怕也是小袁心中的一个心结,便接着说:

"衣服是工人生产的,但工人还要吃饭,农民生产了粮食,但农民还要穿衣。工人农民以物易物,虽可以自给自足,但生产不能发展,生活质量不能提高,那叫小农经济。现代社会产品丰富,不能没有商业,没有贸易公司去收购服装,服装厂的工人就要失业,没有贸易公司卖出服装,服装店就要关门,想买衣服的人也就没门。"

"金不换叫你说的吧。"小袁很机灵。

"没有的事、没有的事,这点知识我还是有的。"

"那是说我没知识?"小袁也厉害。

"天地良心,没有这个意思、没有这个意思。"

"那好,你倒是去告诉金不换,我虽然学的是护理系,但我也是枫林桥的医学院毕业生。"

"他应该是知道的吧。"

"他当然知道我是护士,但他不知道我们医学院的校歌'人生意义何在乎?为人群服务'。"

"哦,这大概是不知道。咦,你自己跟他说呀。"

"我当然跟他说了,为人群服务,这是一个原则问题。"

"好的。"徐家霆心中不由地对这女孩也产生了几分钦佩。

50.

徐家霆估计除了这个"原则问题"以外,大概没有太多的问题了。第二天便向岳母大人如实报告,说是进展顺利,并且汇报了这对青年男女对于婚姻、家庭问题的看法。他岳母听了,对这小袁姑娘也是十分赞许,并且关照:"你这同学如果人品等各方面尚好,你要做做他的工作,尊重女孩子的志愿是婚姻的基本要求。"徐家霆连连称诺。

他岳母也告诉徐家霆,她以前的一个同事,有个亲戚的儿子,在美国的一家公司做高级管理人员,30多岁了,有过两次失败的婚姻,很想在国内找一个对象,结婚以后可以带到美国去生活。老太太也说,对于这种婚姻,她也不十分看好,小袁姑娘的志向很好,不提也就罢了。

徐家霆马上想到了孙静娴,问道:

"孙医生适合吗?"

"我看也不合适。"自从上次家庭聚会之后,刘教授受他老同学之托,关心孤身一人在此工作的孙静娴,夫妻两人几乎将她当作了自己的女儿一般。而孙医生亦人如其名,安静娴淑,知书达理,性格随和,令人怜爱。老太太说这种人有过两次失败的婚姻,性格如何是个未知数,不愿意让孙医生去冒这风险,还说"我们要对静娴负责"。徐家霆当然理解,这话的意思是她会关注此事的,无须他过多担心了。

第十四章
社区卫生服务中的"全科护理"

51.

这阵子袁秀芬好像很忙,倒不是下班忙着去约会,而是上班的时候一有空就忙着看书、查资料。在徐家霆看来这当然是件好事,所以也没有十分在意。

大约在半个月以后的一天下班之前,袁秀芬从拎包里拿出一份打印好的文稿,交给徐家霆,说道:

"徐医生,请你帮我看看,修改修改,你家岳母要的呢。"

徐家霆拿在手里一看,却是一篇学术论文,题目是《社区卫生服务中的全科护理》,作者是袁秀芬、徐家霆。徐家霆只觉得眼前一亮:"全科护理",这个提法很好啊。**全科医学以人为本,护理学也理所当然,提出全科护理的说法,强调与全科医学一致的特点,应该是很有意义的**。心里也暗暗地佩服在学术上很肯钻研的这个同事。忙说道:

"好的、好的,我学习学习。不过,别写我的名字啊,我又不是护士喽。"

"你是全科医生啊,医护不分家。"

"可是我对这篇文章没有贡献啊。"

"你赶快拿去帮我修改修改,不就是有贡献了吗?"袁秀芬能言善辩,竟让徐家霆一时语塞,小袁说道:

"抓紧噢,周末给我,你家岳母要的。"

刘荃的妈妈名陈亦芳,是市护理学会的负责人之一。老太太原来对于全科医学并不待见,但自从女婿做了全科医生之后,她也关注起全科医学来了,渐渐地她也觉得这全科医学挺有价值。有一次,她看到徐家霆的一篇论文中说道,全科医学并非简单的看病分不分科的问题,而是要把"以人为本"的精神,贯穿在医疗实践当中。她很受启发,她觉得**护理工作一方面要强调利用医疗科技促进病人的康复,但也要将以人为本的精神贯穿在护理服务之中。社区卫生服务是第一线的、最亲民的医疗卫生服务,更应该强调以人为本的精神**。很快,小袁的形象便活跃在她的脑海中,一天她通过社区卫生服务中心的王主任,约了小袁在护理学会谈话。她发现小袁的悟性很高,便希望小袁将自己的工作结合全科医学的理念,写成一篇论文,准备在今年护理学会的年会上进行交流。

徐佳霆下班带回了小袁的论文,刚到家,岳母的电话就来了,让他好好帮助小袁把这篇论文整理完善。

52.

秋天,一个周末的下午,市医学会的礼堂座无虚席,护理学会学术年会盛大召开。本地护理界的学术精英纷纷上台报告学术研究成果。最后的压轴报告时间到了，当主持人宣布演讲者是幸福村街道社区卫生服务中心袁秀芬主管护师时，大家都觉得陌生和突然；听到讲题是"社区卫生服务中的全科护理"，大家又都觉得新鲜，稍微有点纷乱的会场又安静了下来。

虽然这几个星期袁秀芬已经不止一次地自己关起门来练习了演讲，又让徐家霆帮助修改了幻灯片，做了演讲的指导，但是到了临上场之时还是有几分紧张。陪她来的是幸福村社区卫生服务中心的护理组李组长，一位老护士，让她喝了一口水，拍拍她的肩膀说："去吧，你一定行。"

袁秀芬定了定神，大步流星地走上了讲台，一阵掌声过后开始了演讲。她说：

"护理学是一门学科，需要知识、技能和智慧，但它是一门直接服务于人的学科，所以它必须是充满仁爱精神的一门学科。全科医学便是这样一门以人为本的临床学科，护理学是医学的一部分，当然也应该是这样的一门学科，所以我今天的讲题便是'全科护理学'。社区卫生服务为广大民众提供第一线的、全过程的、可亲近的医疗卫生服务，社区卫生服务包括预防、治疗、保健、康复、健康教育等各项内容，这些都属于全科医学，也是全科护理学的范畴。护理学，一般的理解是照顾"病人"的学问，但是社区卫生服务的工作不仅仅是服务于生病的人，还应该照顾到他的家庭，甚至整个社区民众的健康。所以社区卫生服务中的全科护理学，更应该是一个"以人为本"的、照顾人的健康的学问。医学以促进人类的健康为最终目标，社区的医疗卫生服务是实现这个目标的第一线服务，全科医学、全科护理学同等重要。

讲着讲着，袁秀芬完全进入了状态。讲完了最后一段，她致辞感谢了市护理学会陈亦芳副主任、卫生服务中心李晓玲组长、徐家霆医生，俨然已经很有一些学者的范儿了。台下再次响起了一片掌声。袁秀芬的学术报告取得了很大的成功。

散会了，李组长陪着袁秀芬走出了会场，在马路转角的地方停着一辆劳斯莱斯轿车，袁秀芬一看是金博贺的车，知道他在等她，但是她身边还有一位李组长，有点尴尬。还好，车门开了，副驾驶位置上走出的是徐家霆，徐家霆又随手叫停了后面开过来的出租车，并招呼李组长一起上了出租车。李组长上了车，看见袁秀芬钻进了劳斯莱斯，才反应过来，知道这是年轻人的"花头"。

原来金博贺知道袁秀芬今天要在这里做学术报告，买了大捧的鲜花要到会场里去祝贺她，又怕进不了会场，便央求徐家霆同往。徐家霆告诉他学术会议不同于歌星演唱会，不兴上台献花的，便让他把车停在路边等候，看见李组长陪她过来，便以送李组长回家的借口留下他们两个，开溜了。

第十五章
"小阿姨"的母性　老外婆的担当

53.

产假按国家的规定是98天,不过各地、各单位对于产妇常有一些优待的政策,由于医疗卫生工作的特殊性,一些医疗单位会给予医护人员延长产假的照顾。

刘荃分娩以后,徐家霆的父母来探望过,徐家有了第三代,一家人自然是十分高兴。但是他们两人均仍在职,徐家霆的父亲还是当地医院的副院长兼内科主任,母亲是妇产科主任,60岁不到的年纪,正是他们事业的高峰时期,都是大忙人,这边孩子们的事情,也只好重重地拜托亲家了。刘荃的父母也是这个年纪,对于知识分子来说,这个时候是最成熟、精力最充沛的时期。她爸爸是一位病理学教授,手上有两个国家级研究课题,带了八个研究生,还是当地病理学会的副主任委员,忙得不亦乐乎,所幸的是他有一个能干的妻子,他才能够一心做学问,家务事情从不沾边。独生女儿生了孩子,忙坏了的是刘荃的妈妈,老

第十五章 "小阿姨"的母性 老外婆的担当

护士长虽然已经退休,但还是市里护理学会的负责人之一,护理学界的年轻人还需要她的指导。护士的职业就是照顾人,而护士长是一个病房、一个部门的具体管理者,所以老人家倒是具有管理与照顾两方面的能力,将这些社会的、家庭的事情都能安排得有条不紊。

刘荃产假满了以后又申请延长了三个月,但心里一直惦记着工作,还有她申请到的研究课题。六个月过去了,完成了一件人生大事,看着小依医可爱的小脸、无意识舞动着的小手小脚,这是她与家霆爱情的结晶,她觉得她不能离开她的小宝贝,她应该留在家里相夫教子。但内心有个声音一直在提醒她:"人生意义何在乎?为人群服务。"她更要去实践她的人生意义。当然,如果她不工作,他们还会面临着经济的压力,除非他们愿意接受双方父母的支持,而这无论是在刘荃还是在徐家霆的意识中是绝对不愿意的。

她妈妈的意见是由她来全职照顾小依医,在许多家庭都是这样处理的,但要强的刘荃不同意,她觉得这半年来已经累坏了妈妈,再说了她爸还需要照顾,妈妈还有许多社会活动要参与。徐家霆的意见是应该请一位保姆居家照顾,不过刘荃觉得请保姆开支甚大,而且难以找到适合的人选,她准备每天上班时将小依医带去放到医院的托儿所,下班时再带回家来。这样既要上班又要带孩子是十分辛苦的了,但是刘荃坚持这样做。她妈妈想想自己当年生下刘荃,也是这样过来的,也只好同意了。她们母女同心,徐家霆也就只好照办了。但他决定买一部车,以便接送她们母女上下班,这事情就这样定了下来。

刘荃一上班，小两口更忙了，每天下班回家买菜、做饭之外，换尿布、调奶粉、给宝宝洗澡、哄宝宝睡觉，多出了许多事情。刘荃的科研项目上手了，晚上要查资料、写论文，孩子的事情只能由徐家霆多承担些了。徐家霆也要看书钻研业务，也就只能等孩子睡了以后。生活只能用繁忙、紧张、辛苦概括了，当然心底里是幸福的。

54.

这天下午三点左右，医院托儿所所长给刘荃打了电话，说是她家小依医发热了，已经请儿科的副主任来看过，估计是上呼吸道感染，开了药，并已经喂她吃过了一次。希望她能早点带她回家，并且叮嘱这几天要注意观察有无出疹等情况，不要带来托儿所，以免若是麻疹等传染病传染给其他孩子的可能。

刘荃的课题组正在开会，商讨下一步的研究计划，而且他们这个研究组的顾问、中华医院心脏科的老教授，也拨冗参加。刘荃作为这个课题组的负责人，实在不能中断这个会议，于是便打电话给徐家霆，让他去把孩子接回家。

徐家霆的全科医师工作团队除了袁秀芬之外，最近又增加了一位医生、一位护士。这位钟康福医生是大学专科毕业，学历虽不及徐家霆医生高，但是学中医出身，还进修过康复医学，而且为人谦和，虚心好学，跟徐家霆很是合得来。护士名叫忻莉莉，虽是中专毕业，但也是个好学之人，自学心理学，还考出了一个心理咨询师的证书。社区服务中心的王主任知人善任，将这

第十五章 "小阿姨"的母性　老外婆的担当

两位分到徐家霆的工作团队中来，无疑壮大了徐家霆工作团队的力量，他希望这个团队能成为一个示范工作团队。这天下午，他们四人正在研究一个关于"社区老年人营养状况研究"的自拟课题。

接到了刘荃的电话，徐家霆觉得托儿所负责人所提的要求是必须配合的，便将他所考虑的课题研究做了简单的表述，希望大家再进一步考虑完善，便结束了会议，向托儿所赶去。刚走到停车场，袁秀芬却换了衣服也跟着来了，并且坚持要去托儿所帮他接小依医。

徐家霆每天接送刘荃母女去托儿所，跟所里的老师都是熟悉的，这回却带来了一个新"家长"，不等老师们询问，袁秀芬自己介绍："我是她小阿姨，她妈妈忙着呢。"老师们看着她抱孩子的姿势、询问孩子吐不吐奶、拉过大便没有……估计她也是一个资深的妈妈，便放心地让他们接走了小依医。

小依医因为发热，面色通红，睁开两个大眼睛看看这个抱着她的"小阿姨"，虽然不大有精神，但是倒也不哭不闹。到了家中，"小阿姨"帮着换个尿布，又要帮助去调奶粉，临走时还提醒**徐家霆注意查看孩子口腔颊黏膜上会不会出现科氏斑（Koplik spot，孩子发热以后第 3 天左右，若在相当于磨牙部位的口腔黏膜上出现白色的小斑点，周围并有红晕者，可确诊为麻疹）**，又亲了亲小依医，才依依不舍地离开。徐家霆忽然想到：这些都是母性的流露，估计她和金不换的事有希望成功了。

刘荃回来了，带回来一些点心，两人将就着就算是晚餐了，工作忙，他们也常常是这样"混饭"的。问题来喽，明天小依医不能送托儿所，刘荃不能请假在家，徐家霆也不能不去上班，这是中国双职工家庭回避不了的事，只好又去烦劳老岳母了。晚上刘荃给妈妈打了电话，她妈妈关照夜里要醒觉点，多看看孩子，多喂点水，明天一早她就来接去。可怜天下父母心，忙了一代又一代。

上海医学院东一楼

第十六章
把工作重点转向促进民众健康

55.

社区卫生服务中心工作推行签约制,即希望社区的居民与卫生服务中心的医护团队进行一个签约的形式,以增强双方"约定式"的服务理念。尽管在理论上全科医学即家庭医学,全科医生即家庭医生,中国大陆地区正式采用的是全科医学、全科医生的称谓,但为使签约居民理解当他们签约以后便有了为他们"家庭"服务的医生,他们有任何健康问题或卫生服务需求,皆可以寻求与他们家庭签约医生的服务,一些地方的卫生服务中心便将签约服务的医生团队称为"家庭医生团队"。而为了加强这种家庭医生服务团队的建设,许多卫生服务中心又将较为成熟的家庭医生团队以负责医生的姓名命名,成立"×××家庭医生工作室"。幸福村街道社区卫生服务中心王主任亦作此想,不久便正式宣布了"徐家霆家庭医生工作室"成立。

徐家霆理解工作室的成立，是卫生服务中心对他工作的认可，是希望他能带好这支队伍，在社区卫生服务中心工作中树立一个全科医生工作团队的典范。

徐家霆出生在医学世家，受到的教育就是"为人群服务"，他父亲在医学院毕业的时候，谢绝了外资公司的高薪聘请，放弃了留校工作的可能性，主动申请到一个中小城市去为家乡父老服务，而他在医学院毕业的时候主动选择了从事社区卫生服务的全科医学。他觉得社区卫生服务跟大医院的专科医学服务相比，是更贴近人群的服务，更符合他读医科的初衷。在社区卫生服务中心入职两年以来，他对于国家积极推进全科医学的发展，有了更多的认识，也真正地爱上了社区的卫生工作。他爱上社区工作的原因是：他觉得在大医院里工作，医生和病人之间是技术服务的关系，缺少人与人之间的感情交流，而在这里医生与社区居民（病人）之间的关系是朋友，甚至像是亲人的关系，这使得他觉得每天工作心情很愉悦。因此除了完成额定的门诊、家访等工作任务以外，他很愿意主动为居民们多做一些有益的事。而他也有幸遇到了一个好领导，社区卫生服务中心的王主任对于徐家霆提出的工作建议，几乎是"言听计从"，给予大力的支持。而他又有志同道合的同道，袁秀芬就是他的铁杆支持者，这下又增加了钟、忻两位，也都是在工作、学习方面很有追求的同事。所以徐家霆觉得他在社区卫生服务中心的工作有着天时、地利、人和的优势，他要在这一张白纸上绘出美丽的图画。

第十六章 | 把工作重点转向促进民众健康

56.

我国已经进入老龄化社会，在社区的工作，尤其是社区卫生服务的工作层面上，为老服务更是重点任务。近年来在老年保健领域里"预防跌倒"的问题，受到高度的重视，在引起跌倒的种种原因中，"肌少症"进入了医学界的视野，而肌少症的形成又与营养与锻炼两者密切相关。据有关学术研究介绍，我国老人的营养问题亟须引起重视。

社区卫生服务的常规工作是看门诊、家庭病床的防视、康复医疗、少量的住院观察医疗以及一定的社区公共卫生服务等，一般并没有做课题研究之类的任务。不过在徐家霆医生看来，医学研究有两种：一种是探索未知的理论、方法和技术，即探索性研究，这种研究适合于大学附属医院或其他有条件的大型医院；另一种是将已知的、成熟的理论、方法和技术，在基层医院如社区卫生服务中心组织实施，即应用性研究。对社区卫生服务中心而言，只有积极开展此种应用性研究，才能进一步提高医疗卫生服务的质量。

徐家霆医生的工作团队经过几次讨论，确定了研究的路线。

这一研究计划经社区卫生服务中心报向区卫健委，获得了极大的好评，区卫生行政主管部门负责同志认为：这一做法真正符合了"把医疗卫生工作的重心从医疗疾病转向促进民众健康"的卫生工作方针。

57.

徐家霆工作的社区名为幸福村街道,位于城市的副中心区域,交通方便、商业发达,居民的住房亦较为宽敞,而且居民大多有一定的文化水平,经济状况也不差,何以在老年人群中会出现一些营养方面的问题呢?

医生们比较容易理解的是老年人生理功能减退,对营养物质的消化吸收功能降低,老年人亦常患有一些慢性疾病,也可能影响食欲。不过经过他们课题组调查研究发现,问题还远不只是这些。**除了生理、病理的问题之外,确实还有许多心理的、社会的问题影响着人们的健康,诚如医学人文学者所言,医学不仅仅是生物学的,也是生物—心理—社会的。**

一些老人因为患有高血压、动脉硬化、血脂增高,听说饮食应该清淡,便以为所有动物性的食品都不能吃了,甚至牛奶、鸡蛋之类亦被列入禁忌之列,以至优质蛋白质及某些维生素缺乏。一些老人因为害怕血糖升高,食量控制过于严格,长期处于热量摄入不足的状态,自然影响健康。一些老人将"粗茶淡饭有益健康"奉为圭臬,缺少增加营养促进健康的理念。

也有一些高龄老人单独居住、行动不便、精力有限,无法安排正常餐食,食物品种单一。更有一些丧偶独居老人,由于心境不佳、体力不济,往往做一个菜吃几天,营养缺乏问题更是显著。

我国营养学界对于国人营养的总体评价是:营养过剩与营养不良共存。营养过剩主要是指脂肪类食物摄入过多,以及由于体力活动减少和缺少体育锻炼而导致的总热量摄入过剩；而营养不良主要是指某些优质蛋白质，如奶、蛋、鱼等以及蔬菜、水果等的摄入不足。近年营养学界对老年人的营养问题多有关注，注意到有相当多的老人存在着营养不良的问题，主要的是优质蛋白质摄入不足，以至在最新的《高龄老人膳食指南》中强调了老年人应该采用优质蛋白质为主的食谱。

徐家霆课题组的调查研究证实了此点，**老年人营养不良尤其是优质蛋白质的缺乏，不仅仅是引发肌少症的问题，事实上营养不良加速了老年人的衰老。要解决这个问题首先需要从提高老人对于营养的认识开始**。基层卫生工作的任务是"防治保康宣"，即预防、治疗、保健、康复和健康宣教。说到健康宣教，社区卫生中心也是十分重视的，不过，过去大多数是讲疾病的预防和治疗，要讲营养学的问题，对徐家霆来说还得好好做些准备。

过了一个星期，袁秀芬竟然为徐家霆找来了许多营养学方面的参考资料，这姑娘实在是想得周到。

58.

初冬的一个周末下午两点，幸福村小学礼堂座无虚席。社区卫生服务中心的徐家霆医生在此举办社区健康讲座。讲题便是"社区老人的营养问题"。听众十有八九也都是些老人，少数是些陪伴高龄老人的儿孙之辈。这两年来，徐医生已经在此做了多次讲座，不过讲题大多数是直接介绍常见的疾病的防治，如高血压的药物治疗、怎样预防中风、哪些人需要做癌症筛查等。在他的带动下，孙静娴医生也做过怎样预防糖尿病，李副主任医师也做过冠心病有哪些症状等讲座，不过据听众私下里反映，还是徐博士讲得最好，孙医生讲得太深奥，李副主任讲得太枯燥。

由于半个月前已经做了预告，而且这个讲题是大家极为关心的话题，所以此次讲座听众极为踊跃，卫生服务中心的王主任也亲临会场做了开场白。

听众之中有《科技日报》的记者记下了徐博士之讲座概要。大致分为三个部分。

一是对于我国民众当前饮食概况之总的评价：过量与不足共存。食物的总热量与脂肪类食品摄入常有过量，而全谷类食物（即非精加工的主粮）、优质蛋白质及蔬菜、水果等摄入不足，以至纤维素、某些维生素与矿物质摄入不足。因此历次发布的居民膳食指南皆提倡多摄入全谷类食物、奶类、水产品及蔬菜、水果等而应减少脂肪类食物如红肉（指畜肉）及加工肉等，控制油、盐及精制糖类的摄入。

二是对于老人尤其是高龄老人而言，由于消化吸收功能的减弱，应保证有足够的能量与优质蛋白质的摄入，强调各种营养素摄入的均衡性。

三是指出了老年人营养问题的一些误区，如一些老人患有高血压、动脉硬化等症，应适当控制脂肪类食物，但并非要控制蛋白质的摄入，更不是提倡素食，奶制品及禽蛋类食品宜多摄入；老人每天摄入食物的总量需加关注，若非治疗需要不宜刻意减肥；老年人可以吃一些全谷类食品，但如摄入过多可能不利于消化吸收；老人亦需摄入足够的蔬菜与水果,若无糖尿病,不必忌讳吃水果；"饮食宜乎清淡",对患有高血压的老人而言,应该尽量吃得淡一些；所谓"**粗茶淡饭有益健康**"实为励志之言,而非营养学之原则,老年人更应通过追求合理的营养谋求身心之健康。

该记者听了徐家霆的讲座,大受启发,事后又采访了徐家霆医生。事隔一周,《科技日报》的头版刊登了采访徐医生的文章,标题便是"追求合理营养,带给老人健康"。接着广播电台的一个医学专家坐堂的节目也邀请了徐家霆医生作了宣讲。读者、听众纷纷好评,一些听众反映说:"我们民众太需要这样'接地气'的健康讲座了。"

徐家霆的健康讲座并非为讲座而讲座,其目的在于引起群众对于老年人营养问题的重视。果然,在门诊中开始有一些人来找他讨论营养的话题了。

59.

卫生服务中心王主任敏感地意识到:这就是"把工作的重点从治疗疾病转向促进民众的健康",于是幸福村社区卫生服务中心的"营养康复中心"正式启动。其工作内容包括:营养评估、肌少症预防、改善骨质疏松、预防跌倒、促进老人健康。

徐家霆知道社区卫生服务中心可以做这些具体工作,但是若要做出总结、达到一定的学术水平,还需要得到上一级医院的支持。他想到的当然是他的母校附属医院——中华医院。那里有他的老师和同学，他的夫人还在那里工作，可以做些联络、策应的事。其实即使在中华医院这样三级甲等的大学医院也并没有类似的诊疗中心，他的想法和做法实在是超前的。在中华医院有关的工作皆在营养科、内分泌科、骨科、康复科等分别进行。徐家霆在大学里一直做学生干部，也锻炼了他良好的沟通能力。在他的积极联络下，中华医院的领导也觉得支持社区卫生服务也是他们义不容辞的责任。何况他们也正在准备将幸福村社区卫生服务中心作为他们全科医学的社区教学点。双方多次商谈，并经过区卫生行政主管部门和大学医学院的批准，在幸福村卫生服务中心同时挂牌的，一是"幸福村街道社区营养康复中心"，一是"复旦大学上海医学院全科医学系幸福村社区教学点"。

　　徐家霆为"营养康复中心"的建立做了很多工作，但是他却竭力推荐孙静娴、钟康福两位医生负责。卫生服务中心王主任采纳了他的意见，心中对于这位年轻医生的能力和人品甚是欣赏。

　　上海医学院征得了社区卫生服务中心的同意，任命徐家霆医生为教学点负责人，并授予兼职讲师的职称。从此徐家霆医生除了医疗、科研任务外，又增加了教学任务。不过徐家霆是一个不知疲倦的人，虽然社区卫生服务中心也有个别的人说他是"没事找事做"，但他并不觉得这是贬义之词，在他看来，人的一生本该是如此的。他恪守的信念就是："人生意义何在乎？为人群服务。"

第十七章

凡涉及健康问题　皆是分内之事

60.

这天下午的家访,除了原定的四张家庭病床的访问以外,还增加了一个临时的访问对象。

上午在看门诊的时候,徐家霆医生接到一个电话,是本社区的一位独居老人打来的,徐医生大致记得这位蒋老太太年近80,患有高血压、糖尿病等慢性疾病,前几年老伴去世后她很要强,一直独自生活。有一个女儿生活在临近的一个城市,逢年过节都会过来看看老母亲。几天前老太太去菜场买菜跌了一跤,被送到医院诊断为右前臂骨折,**这种被称为科利斯骨折的上臂接近腕关节处的骨折,多见于骨质疏松的老年人,因跌倒时本能地用手撑地,便有可能发生这种骨折。若非粉碎性骨折,可以在X线透视下由骨科医师用手法复位,用夹板或石膏固定,三个月左右可以愈合。**蒋老太太骨折以后女儿过来探望过,要带老人去自己家生活,老太太不愿意,女儿没法,只好买了一些方便食品留下,并表示可以请一个临时保姆,费用由她来出,但被老太拒绝了。事实上,这位年近80有慢性病的老太,一只手臂还绑着石膏,实在是无法完全生活自理的。这几天,老太太只是吃了一些速泡面之类的东西,已经发生了两次低血糖的症状。老太太想到了她的签约家庭医生,她知道徐医生是个好人,一定会来帮她的。

徐家霆给蒋老太太测了血压、血糖,全都明显超标;检查了上石膏的手臂情况,手部的血液循环尚好。了解了老太太的饮食和生活情况,真是一团糟。徐医生帮老太太调整了降压、降糖药的用法,本来作为一位医生责任也到此为止了。不过,徐医生觉得老太太右侧手臂不能动弹,生活无法自理,再好的药物治疗也不能解决问题,何况俗话说"伤筋动骨一百天",也不是三五天能勉强过得去的事,关键是要帮老太太解决生活照顾问题。听老太太说,她女儿愿意出钱请一位保姆照顾一段时间,便随即与居委会负责同志联系,居委会又与街道办事处负责民政的同志联系。

到下午家访任务快要结束时,徐医生接到街道办事处的电话,说是蒋老太太不愿意接受这位家政服务员。徐医生估计这情况一定是费用问题,老太太舍不得花钱。于是便和袁秀芬两人再次来到蒋老太太家,一问果然是如此。蒋老太太原本是一家国营工厂的财会人员,她先生则是这家工厂的高级工程师,经济状况并不差,只是老太太精于计算,觉得这个保姆所开的月薪几乎占了她退休工资的大半,还要包吃、包住,不合算。徐、袁两人对老太太做起了思想工作,一是说明必须有人来照顾她的生

第十七章 凡涉及健康问题 皆是分内之事

活;二是说明保姆离开她自己的家庭,日夜全责照顾老人,所索之工资市场价位确实如此;三是说明她的骨折三个月便可痊愈,花费不会过多。老太太也觉得他们说的在理,临别时袁秀芬又要了她女儿的电话,当然是希望她女儿来一起说服老太太。

到了第二天下午,蒋老太太又来电话了,说是她家来了一个保姆,"干干净净的,客客气气的,蛮好的"。要谢谢他们。不过,看毛病的事情还希望他们两人经常到她家里来进行家访。徐医生根据社区卫生服务中心对签约服务的高龄老人应予照顾的原则,表示没有问题,请她放心。

才过了两个半月,老太太性子急,到医院骨科去复查,问医生能不能早点拆了石膏。那医生看她一般情况尚好,竟也同意了。拆了石膏拍片复查:骨折复位准确、骨痂生长。老太太欢喜得不得了,让保姆陪着来到社区卫生服务中心感谢徐医生、袁小姐,还说要送锦旗。徐医生告诉她,看到病人康复是对医护人员最大的鼓励,锦旗是不要送了,不过她还应该来做右侧上肢的康复锻炼。说时迟那时快,袁秀芬早已叫来了钟康福医生,钟医生检查了蒋老太受伤后的手臂情况,拟定了一个康复治疗的计划:开头的两个星期让她隔天来社区卫生服务中心进行一些主动、被动的锻炼,以后便可以在家进行主动锻炼以完全恢复手臂的功能。蒋老太太对于社区卫生服务中心的服务真是感激得五体投地。

这天下班的时候,袁秀芬突然问徐家霆:

"我们给蒋老太太治疗高血压、糖尿病,帮她进行手臂康复锻炼,都是应该做的医疗工作。社区卫生服务中心是进行卫生服务的,我们帮助蒋老太太联系请保姆、说服她接受保姆的服务都应该是社会工作,也是我们应该做的事情吗?"

"假设蒋老太太每天吃速泡面,她的糖尿病能控制吗？假设蒋老太太因为右手臂被石膏固定,身体不能平衡,又跌倒了一次造成股骨颈骨折,她能顺利康复吗?"

"不能。"

"调动一切资源促进人的健康……"

"社会工作也是全科医学的内容?"

"是的呀,医学模式就应该是生物—心理—社会模式啊!"

61.

自从与袁秀芬讨论过全科医生是否应该涉及社会工作的问题之后,徐家霆也经常思考这个问题。从理论上说医学模式应该是生物—心理—社会模式,医学不能独立于社会之外。医学的终极目标是促进人类的健康,而全科医学是一门集生物、心理、社会之大成的医学学科。对全科医学工作者来说,调动一切手段促进人的健康是工作的职责所在,其中就包括社会工作。虽然在一些发达国家的全科医学工作团队中会有社会工作者参与,但他们的工作也是围绕着医学的目的展开的。

在研究老年人营养问题时,徐家霆他们便注意到一些老年人的营养问题,主要不在于消化功能衰退,也不在于营养知识的匮乏,也并非经济条件不济,而是无力或无兴趣从事常规的烹饪事项,这在一些独居老人中尤为显著。他们的健康需要的是方便可及的社会化餐饮服务。

第十七章 | 凡涉及健康问题 皆是分内之事

我国已经进入老龄化的社会,养老服务是社会的一大问题。居家养老是可持续发展的方向之一。社区卫生服务为居家养老基本解决了医疗卫生服务的问题,一些地区开办的"长者食堂"又解决了居家养老的餐饮问题。幸福村街道三万多居民,其中65岁以上的老人约占三成,老年夫妇单独居住或独居老人近千户,剔除其中有能力及兴趣可尽兴烹调三餐食物者、有家政人员服务及生活完全不能自理依靠他人照顾者,对类似长者食堂这样的公共食堂有刚需者,少说也有两三百人。而如果这种食堂办得好,则必将吸引更多的老人就餐。让这些老人从繁琐的烹饪事务中解脱出来,必定能增加他们的幸福感。

据徐家霆了解,一些地区已开办的"长者食堂"品种多样、价廉物美、取食方便,极受老人欢迎。政府方面亦准备五年内在全市各区普遍推广。徐家霆理解,"五年内普遍推广"是需要逐步创造条件的缘故。需要什么条件呢?不外是场地、人员、资金之类。徐家霆大学毕业以后主动来到了幸福村社区工作已经三年,三年来对于这个社区的一草一木俱已烂熟于心。他觉得这些条件对于幸福村社区来说,应该不是难事,关键在于要有人策动去做。谁来策动?这绝对是属于社会事务。他只是一个基层卫生机构的医生,但是这事又关系着老人的健康,作为一个立志"为人群服务"的全科医生,他觉得自己义不容辞。

62.

办"长者食堂"的场地、人员、资金问题一直在徐家霆的脑海中盘旋。场地问题:开饭店"市口"(临街的位置)要好,办"长者食堂"倒不一定,徐家霆的脑子还真灵,他已经在考虑用招徕其他顾客的盈利来补贴"长者食堂",只要做出特色,"酒香不怕巷子深",市口不好也问题不大。虽说这幸福村地区寸土寸金,但是机会还是有的。他曾注意过在丰华路90支弄里就有一处旧厂房,原属于一个做雪花膏、生发油之类的日用化妆品小厂所有,好几年前小厂倒闭,房屋空置多年,早已破败不堪。据说也曾有房地产开发商想加以开发,不过终因占地面积有限,而且周围皆是居民住房,开发成本过高,最终未有结果。近年利用旧厂房打造艺术空间,已有不少成功案例。据说也有艺术家曾来考察过,但此处属于旧式里弄房屋,工业遗存的特征不明显,似乎也无利用价值,至今仍在空置之中。徐家霆觉得将此处改造为居民食堂倒是可以的。他知道他的签约服务对象中就有一位原申江饭店的大厨,退休之后谢绝了其他饭店的邀请,执意要想自己创业。也确曾在外区开过一个小饭店,过了一把做老板的瘾,结果赔了十几万,方知大厨不一定能做好老板,眼下正赋闲在家,若能动员他出山,再带两个下手,请两个杂工,别说是居民食堂,就是开个酒楼也是可以的。问题是资金从哪里来?大概可以向银行贷款,凭什么去贷款?他一窍不通。不过他想:实在不行,让金不换来投资。只要让袁秀芬跟他去说,他必定不会拒绝。因为他得到的信息是这两人的婚事已经基本敲定了。

计划放在脑子里面考虑得再周密也只是计划,计划要去实施,碰到问题再修改,才能真正办成事情。徐家霆很清楚:"长者食堂"关系着居民福利,应当视为政府为民办实事的项目,当然

第十七章 凡涉及健康问题 皆是分内之事

不同于开家饭店,首先要得到地方行政部门的支持。

如今政务公开,徐家霆很快找到了幸福村街道办事处张主任的电话,便与他约了个时间要面谈。

张主任毕业于财经大学,获有硕士学位,对发展地方经济很有见地。张主任当然也知道市政府关于创办"长者食堂"的意见,无奈街道办事处是基层的政府分支机构,"上面千条线,下面一根针",要做的事情很多很多,当然先拣重要的、紧急的事情做。"长者食堂"的事情固然重要,但不紧急,所以尚无启动计划。

张主任听说过卫生服务中心有一位徐博士,主动申请到基层卫生单位服务,工作的主观能动性很强。见面一谈,方知这位医学博士竟是为创办"长者食堂"之事而来,而且考虑得也甚是周到,当即表示全力支持并随即让相关工作人员了解该处房屋产权情况,向区经委了解可能的资金渠道等。

两位年轻人初次见面,彼此印象都甚好。"长者食堂"之事就此启动,也不过三四个月的时间,幸福村街道社区"长者食堂"正式开业了。凡来吃过饭的、来看过的、听说过的,全都说好。

第十八章
医患和谐　孙医生爱上社区卫生服务

63.

孙静娴医生来到幸福村社区卫生服务中心工作已经将近两年。孙医生原本对于社区卫生服务、全科医学并无认识,只是为了逃离她的伤心之地、换个环境而来到此地社区卫生服务中心工作。初到之时,一则心境尚未完全改善,二则人地生疏,工作条件与以往所在地的市立医院并不相同,颇不适应。幸而卫生服务中心的领导与同仁对她多有照顾,尤其是刘荃的父母对她更多关心,随着时间的推移,孙医生心境渐好,工作亦已逐步适应,而且对于全科医学、社区卫生服务逐步理解,甚至渐渐热爱起来。

孙静娴医生性格贤淑,为人处世谦虚谨慎,待病人如亲人。孟子曰:"爱人者,人恒爱之",社区的居民们都知道社区卫生服务中心有一位外省调来的孙医生,不但技术好,人品也好,一句话:医德好。给她送锦旗的、想认她做干女儿的、想她做儿媳妇

第十八章 | 医患和谐 孙医生爱上社区卫生服务

的都有。孙医生在这里倒是收获了大家对她的爱。随着时光的打磨,感情上的创伤也逐渐平复,孙医生爱上了社区卫生服务中心的工作。甚至原来的工作单位仍希望她回去工作也不考虑了。

幸福村有一位居民姓范,经营一家饮食店,生意做得不错,60岁不到,人较胖,血压、血脂都高,因为生意忙,便常就近在社区卫生服务中心配点治高血压、高血脂的药吃。过去看病基本就是挂号、量血压、开处方、拿药、走人这样的程序。这回他碰到了孙医生,孙医生量血压、听心脏之外,还问有没有其他的什么不舒服?范老板看这新来的医生仔细,便说他还有个怪毛病:走走路要蹲下来,蹲一阵子再走,在大医院看过骨科,还拍了膝关节的片子,说是没毛病,不过他说:

"这膝关节一定有毛病,就是这些医生看不出来罢了。"他还感慨地说:

"现在的医生就只相信拍片子。"

"你走多长的路就要休息呢?"孙医生问。

"以前可以走十分钟,现在走五分钟,就要蹲下来休息了。"

"停下来不走,站着休息不行吗?"

"这倒没试过,医生,我膝关节不好呀,站着不行,还是要膝关节吃重啊。"范老板还有点理论。

孙医生让他躺下来量了两个下肢的血压,发现血压都偏低。

范老板大为奇怪,高血压病生了十几年了,从来也没有医生量过他腿上的血压。而且腿上的血压还低,是怎么回事呢?

孙医生告诉他,很可能他的**下肢血管因为动脉粥样硬化,引起下肢血供不足,所以下肢血压偏低,不能多走路可能就是这个**

原因，并不是膝关节的问题，建议他去医学院附属医院的血管外科诊治，并给他开了转诊单。范老板对血管外科觉得很陌生，孙医生医疗组的小王护士向他介绍了本地血管外科做得最好的医院有中华医院、长城医院等。

过了几天，范老板主动地来告诉她：中华医院血管外科医生给他做了血管超声检查，果然是通到下肢的血管不大通畅，说是叫什么"跛行"，可以先用药物治疗，如果不行，就像心肌梗死一样，也可以放支架的。

"是间歇性跛行。"孙医生补充道。

"是的、是的，叫间歇性跛行。"好几年没弄清楚的毛病搞清楚了，范老板很是感谢。

"**生这个毛病不能抽烟，得把烟戒了，不然治疗效果不好。**"孙医生还不忘提醒他改善生活行为。

"哦、哦、哦，一定、一定。"

又过了两、三个月，范老板的腿居然好多了，连续走个十分钟、一刻钟都没有问题了，烟也戒了。他请孙医生和小王护士到他饭店吃饭，孙医生和小王护士都谢绝了。

隔了一天，他就送来了一面锦旗，上面写着四个大字："技术精湛"。

64.

孙医生大学本科毕业后即在家乡的市立医院工作，已有相当的临床经验。

第十八章 医患和谐 孙医生爱上社区卫生服务

受徐家霆医生开展"社区肿瘤防治研究"的启发,根据社区卫生服务中心的条件,孙静娴选择了糖尿病作为临床研究的主攻方向,她的"幸福村社区糖尿病防治研究"的目标是**通过改善生活行为,如饮食、运动等配合药物治疗,使得社区糖尿病病人血糖控制良好、并发症减少,使得糖尿病前期的病人血糖归于正常,避免进入糖尿病状态**。她的研究计划得到了社区卫生服务中心领导的积极支持,服务中心王主任认为:这样的临床研究是一次有益的探索和创新,完全符合社区卫生服务中心慢性病管理任务的规定。王主任还将这一情况向区卫生行政主管部门作了汇报,同样也是得到了肯定和支持。

糖尿病是一种常见病、多发病,而且是一个需要终身治疗的疾病。因此大量的病人生活在社区之中,帮助病人控制血糖、减少并发症是社区糖尿病管理的关键。而要达到这一目的绝非单纯服药即可,**通常的说法是:治疗糖尿病需要"五驾马车"齐头并进,即:药物治疗、饮食控制、体育活动、定期检测及健康教育,缺一不可**。而且糖尿病病人除了控制血糖以外,还需要控制血脂、血压、体重,还需戒烟,实在是一项不折不扣的"系统工程"。即使药物治疗亦需强调精准,**糖尿病之所以发生,是因为胰岛素的功能不足,那么,究竟是胰岛素的产生不足呢、还是身体对胰岛素发生了抵抗?** 胰岛素产量不足有可能是因为产生胰岛素的胰岛贝他细胞功能衰退,也可能是"肠促胰素"分泌不足,皆需分清方能对症下药。孙医生以她的知识、经验和女性特有的细心和周到,耐心地关注着社区每一位糖尿病患者。一些病人多年不稳定的血糖经她的治疗渐渐稳定下来了,久治不愈的泌尿道感染也跟着治好了。声称"喝西北风都会发胖"的"糖大王"体重降下来了,血糖也随之正常了。一位本来每餐要打胰岛素的老先生,经孙医生调治只需服些降糖药就可以控制血糖了,老先生高兴得不得了,做了一面锦旗送过来,上书"思邈再世"四个大字,还硬说孙医生一定是古代名医孙思邈的后人。

65.

孙静娴医生擅长治疗糖尿病等疾病,治疗糖尿病通常需要帮助病人计算好每天饮食的摄入量甚至拟订食谱,因此她特别研修了营养学的专著和菜谱。徐家霆发起为研究老年人肌少症以及预防跌倒等课题而建立的"营养康复中心",由她与中医钟康福医生负责。孙医生为此开设了一个营养门诊,不过正儿八经挂了号来咨询营养问题的不多,但凡是社区的居民张家姆妈、李家伯伯见了面都会问,这下子可忙坏了孙静娴医生,不但社区老年人关心营养的问题,几乎家有老人的社区居民也都关心起家中老人的营养问题来了。

"孙医生,我们老年人肌肉萎缩了,要多吃肉。以肉补肉对吧?"

"孙医生,我们老年人也要多喝牛奶,对吗?是牛奶好呢,还是酸奶好?"

"孙医生,我一天吃两个鸡蛋不要紧吧?"

"孙医生,我爸有高血压,还可以吃红烧肉吗?他就喜欢吃这个红烧肉。"

第十八章 | 医患和谐 孙医生爱上社区卫生服务

"孙医生,我听人说每天喝一调羹橄榄油能够降血脂,真的吗?"

各种各样的问题层出不穷,亏得孙医生平时关注营养的学问,又极有耐心,不厌其烦地、耐心细致地一一给予解答。

时间一长,孙医生在社区居民中的印象已经不单纯是一个耐心细致的女医生了,由于她还擅长营养的学问,渐渐地一些人的心目中产生了错位联想,把她视作邻家的一位贤妻良母了。于是便有好事之人开始打探她的身世。吴老太太的孙子已经30多岁了,留学以后就留在美国工作,还跟一个洋女人结了婚,吴老太太本不高兴,幸好不到一年就分手了,至今据说也没有女朋友,吴老太太很想孙医生做她的孙媳妇。贾家姆妈的儿子40大几岁了,是个外企的高管,有过一次失败的婚姻,还有一个上中学的孙子,一个大男人带个孩子终非长久之计,贾家姆妈很想撮合撮合,便心生一计,想先认孙医生做她的干女儿。社区里有一家饭店,是一家饮食公司的连锁店,这家公司的老板据说去年离了婚,也常借题来请教营养的问题,并提出要孙医生担任他公司的营养顾问……在职场上一个优秀的单身女性确实也不容易得到安宁。

不过,此时的孙医生对于婚恋之事虽然谈不上心如止水,但也确实是"一心放在事业上",努力回避着。

第十九章

卫生服务中心的两位优秀青年

66.

徐家霆、孙静娴医生的营养学讲座、咨询活动,在幸福村居民当中掀起了一波关注老人营养问题的热潮。结果还真是发现了不少老人存在着营养问题,表现为贫血、肌少症、衰弱、跌倒等问题。发现了问题,便按照设计方案主动地给这些老人以帮助:指导他们的营养,帮助他们进行锻炼。

钟康福医生20多岁,目光炯炯有神,身材不高但身体结实,从健康技术学院中医专修科毕业后,进入卫生服务中心工作。本来在基层医院中医应该也是很受欢迎的,可是钟医生实在是太年轻,居民们都觉得中医要上些年纪才好,对这位"小中医"并不待见,一天也看不上几个病人。"坐冷板凳"的滋味让钟医生很是苦闷。

幸福村社区卫生服务中心王主任知人善任,他征求了钟医生的意见,决定派他去进修康复医学。在徐家霆医生的积极协

第十九章　卫生服务中心的两位优秀青年

助下，中华医院康复科接受了钟医生的进修要求。钟医生大喜过望，积极地投入到进修学习之中。半年的进修学习结束了，钟医生对于现代康复医学很有了些心得，甚至可以说是喜欢上了这一门学科，因为"康复"开宗明义就是帮助人恢复健康，而恢复健康就是医学最终的目标。

康复医疗包括物理治疗、作业治疗以及语言治疗，钟医生相信他所学习的**中医学知识，特别是推拿、针灸之类，在康复医疗中也一定可以发挥应有的作用**。

幸福村街道卫生服务中心的康复医疗正式对外应诊，开始阶段就诊最多的是颈椎病、腰椎病的病人。除了常规的牵引治疗之外，钟医生还给他们做些按摩、推拿的治疗，又将从中华医院那里学习来的颈椎操、腰椎操教给病人，果然效果很好，病人康复很快。看到了病人的笑容，听到了病人的赞美之词，钟医生感到了满足，决心在康复医疗领域里努力地深耕下去。

他注意到社区里有20来位中风后遗症的病人，大多生活自理还有一些困难，他以专业的眼光看来，经过积极的康复医疗，他们当中的多数，应该能有不同程度的改善，甚至恢复一定的生活自理能力。他的想法得到了王主任和徐家霆医生的支持，他开始说服这些病人的家属把他们送到卫生服务中心康复科来治疗。中风后遗症还能治疗，当然受到了病人和家属的欢迎。钟医生根据病人功能受损的情况，设计了不同的作业治疗。所谓**作业治疗就是帮助病人恢复日常生活自理能力，比如行走、穿衣、吃饭、洗脸、刷牙、排泄等**。为鼓励病人坚持练习，他还制作了一些简单的训练器材，让病人带回家，在家中也可以不断地练习。经过坚持不断的康复训练，多数病人的生活能力有所提升，一些病人甚至恢复了生活自理的能力。

　　帮助肌少症病人锻炼肌力的工作，钟康福医生也义不容辞地担当了起来。钟医生自幼练过太极拳、八段锦等传统的健身方法，又学习了现代康复医学，他觉得**这些病人大多数是平时缺少体育锻炼的老人，这些病人不但要增强肌肉的力量，还需要增加平衡的能力，才能减少跌倒的风险。练太极拳"云天""马步"之类，对于锻炼肌肉和增强平衡能力都是很好的方法，而且容易为老人们所接受**。他便摸索出一套简单易学、行之有效的简化太极拳，每天早上上班前，在几个小区的小广场上轮流演示。由于简单易学，动作连贯优美，不仅是肌少症的老人，就连肌肉正常的人也跟着学了，老人们都说这是"钟式太极拳"……

67.

　　钟医生的中医知识和康复知识在工作当中得到了很好的应用，受到社区居民们的欢迎，不但让钟医生觉得"有了用武之地"，心情舒畅，也让另一个人心中暗暗高兴，这人便是护士忻莉莉。

　　小忻20出头，生得眉清目秀，身材苗条修长，皮肤白皙，人说白添三分美，这忻护士在卫生服务中心也算得上是个小美人了。忻莉莉从护士学校毕业来社区卫生中心工作已经快两年了，先在注射室帮助老护士打针，并兼做伤口换药的工作，后来在宁养病房做护理工作，由于她学习过一些心理学的知识，护理宁养病人倒也用得上，病人与家属对她的反映都甚好，这让王主

第十九章　卫生服务中心的两位优秀青年

任觉得她也是个可用之才。钟医生进修结束，王主任准备在卫生服务中心开展康复医疗的工作，但是缺少康复技师，一时又无处招聘，便把她调来做钟医生的助手。忻莉莉是个好学之人，她觉得这份工作技术含量很高，十分满意，跟着钟医生学习也十分认真，不消几个月，对于各项物理治疗、作业治疗等已经尽皆掌握。

钟医生对于忻莉莉的工作也十分满意，教她些康复与中医的知识也十分认真。所谓"男女搭配、干活不累"，也确是事实。中国人多，病人也多，医疗工作的压力甚大，而且医生、护士每天面对着的是病人的痛苦，身心皆易疲惫。"男女搭配"在潜意识上有利于疏解这种疲惫。当然年轻的医护人员在一起工作，日久生情也很正常。

在这两个小青年的感情问题上，忻莉莉表现得更积极主动一些，虽然现在早已不兴媒妁之言，但在她家，各方面的关系人员上门说媒的还不少，有些男生的条件也不错，她的父母自然也有心动，于是常有催促，不过忻姑娘似乎对于钟医生情有独钟。钟医生也已经感受到姑娘浓浓的爱意，而且在心底里也深爱着这个姑娘，但憨厚善良的他觉得以他目前的经济能力，还不足以给心爱的人一个美好的生活，还需要继续努力。所以在两个人的接触中，有时他甚至会刻意回避一些，这在忻莉莉看来只觉得这是钟医生人"老实"，心中更是多敬他三分。

由于王主任、徐家霆、钟康福、忻莉莉等人的努力，幸福村街道社区卫生服务中心的康复医疗科工作越做越好，不但开展了中风后遗症、外伤及骨科手术后的康复工作，还主动开展了肌少症的康复工作，甚至还涉及营养康复和心理康复等内容，深受社区居民的欢迎。钟康福不但做了很好的工作,医生还在徐家霆医生的指导下总结了经验,写成学术论文《论中风后遗症康复治疗的时效性》,指出**在中风以后越早开展康复医疗治疗的效果越早越好**;《社区失能老人中肌少症的分析》,指出**肌少症是老人失能的重要原因之一,预防老人失能应关注肌少症的预防**,在医学杂志上发表引起了很好的反响。

  康复医疗是社区卫生服务的重要内容之一,市卫生行政主管部门有建设"社区卫生康复中心"的计划,幸福村街道社区卫生服务中心的康复医疗成绩斐然,入选为首批建设单位之一,由市财政拨款,增添设备、增加人员。半年后,幸福村街道社区卫生服务中心的康复中心正式成立,徐家霆、钟康福分别被任命为康复中心的正、副主任。

68.

  钟康福医生担任了康复中心副主任,工作的积极性很高,决心带领大家把康复中心的工作做好。钟医生还虚心好学,他只要听到同行们有任何好的经验,是一定要登门求教的。

  一天,他听说安亭镇社区卫生服务中心的康复中心是上海市阳光康复中心社区康复专科联盟的成员单位、上海市示范性社区康复中心。该中心在膝关节疾病的康复医疗方面积累了很多经验,曾经多次治好过一些在市级大医院治疗无效的病人。他很想去学习学习,便征求徐家霆主任的意见。徐主任当然支持,便与安亭镇社区卫生服务中心的徐辉主任联系,徐主任很谦

第十九章 卫生服务中心的两位优秀青年

虚地说,他们也是在上级医院指导下取得的进步,当然欢迎与同行进行交流。

这天下午,钟康福医生和两位康复治疗师来到了安亭镇社区卫生服务中心的康复中心,中心主任与康复治疗师姜航宇热情地接待了他们,还请了经他们精心治疗、康复效果非常好的邱阿姨过来现身说法。邱阿姨 68 岁了,因为右膝疼痛在一所大型三甲医院做了右膝关节置换、膝关节滑膜清理及髌骨成形术,但术后快半年了,膝关节仍然疼痛,而且活动受限。邱阿姨无奈,因为是本镇居民,便来到卫生服务中心的康复中心求治。

康复治疗师小姜介绍说,他检查了病人,原先准备的治疗是"先松解膝关节周围肌肉,通过关节松动改善膝关节屈伸的活动范围,最后通过等长收缩锻炼股四头肌肌力。"在场的一位市级康复医院专家同意,不过提出:

"这位阿姨的整条腿是外旋的,她的髂胫束一定是紧的,这里要做松解。此外,在做膝关节的关节松动的时候,要注意髌韧带,在松动时要把髌骨往下带一点,这样松动的时候髌韧带才不会被拉长。"

就这样,邱阿姨的治疗方案已经确定。邱阿姨每周一、三、五都会准时到康复科利用康复中心内的下肢机器人等康复设备进行治疗,经过一系列的康复治疗,她的膝关节活动度已从最开始的 75°慢慢变大,可以弯曲到 90°了。

这时,邱阿姨忍不住插话了,她激动地说:

"真的好多啦!我现在腿都抬得起来了,之前都是拖着走的!小区好多人问我腿现在怎么好了?我说我在社区卫生服务中心做康复啊！康复就是恢复健康啊！"

她指指康复治疗师："多亏了这小伙子。"

治疗师小姜有点腼腆地说："邱阿姨，这是你自己认真锻炼的结果。"

接着他说："我看她的腿恢复得蛮好了，便教她几个动作，让她在家继续练。"

邱阿姨站起来走了几步，开心地笑着说：

"现在全好嘞！"

中心主任接着说："给患者治疗，帮助病人战胜疾病，恢复功能，回归正常生活，是我们从事康复医学工作者的责任。"

钟康福一行三人，又学习到了一项宝贵的经验，称谢而去。

安亭镇社区卫生服务中心方泰分中心

第二十章
好人有好报　这阵子好事连连

69.

当初,对于兼任康复中心主任一事,徐家霆曾几次向王主任表示:应该由更年轻的同志,当然是指钟康福医生担任此职,但王主任没有同意。反而有一天王主任通知:已经报区卫生行政主管部门批准,徐家霆将担任幸福村街道社区卫生服务中心的副主任,希望他除了做好自己的业务工作以外,还能帮助他做好卫生服务中心全面的管理工作。王主任对他说做好行政管理工作能够使得卫生服务中心更好地为社区居民服务。徐家霆是学生干部出身,对此当然不难理解。

这年秋天,徐家霆晋升副高级技术职称,成为全科副主任医师。适逢市社区卫生协会换届改选,徐家霆当选为常务委员。接着市医学会全科医学分会换届改选,徐家霆医生也当选为常务理事,年底又获上海医学院批复,被批准为兼职副教授。对于这些职称、头衔,徐医生并不是十分看重,当然他亦理解,这是对他工作的认可。

好事接踵而来,市卫生行政主管部门设立了一笔人才基金,为加强对全科医学人才的培养,决定在全市选择三位在社区工作的全科医师,资助出国进修半年。徐家霆医生经过申请、考核而入选;又经过中华医院全科医学科沈主任的推荐,英国伦敦大学全科医学系愿意接受徐家霆医生进修,并安排了苏荷区的一家全科医学诊疗中心作为主要实习场所,这样无论在理论或实践方面都可望有较大的收获。英国方面希望徐医生能够早日成行。

好事亦非只徐家霆一人独有。市护理学会成立全科护理学分会,在老的副会长、刘荃妈妈的建议下,袁秀芬出任召集人,继而当选全科护理学分会副主任委员并主持工作。恰好幸福村街道社区卫生服务中心护理组李组长退休,袁秀芬又被任命为护理组组长。

当然最大的好事是袁秀芬的喜事。金博贺追求袁秀芬已经一年多了,别看袁秀芬在对待爱情问题上敢作敢为,前文还提到她曾经有过些孟浪的行为,但是正儿八经地谈起恋爱来,却是十分地真诚,热情而不逾矩。弄得金博贺私下对徐家霆说他"追得好辛苦"。不过总算有了正果,这一年的年底,他们双双走进了婚姻的殿堂。

婚房、家具之类,金博贺早有准备,只等着它的女主人到来。按照金博贺的意思,婚礼得好好操办一番,可是袁秀芬不愿张扬,力主简单,婚礼选择在元宵节,是袁秀芬的主意,说是圆圆满满。元宵节的傍晚,花园酒家的正厅摆下了八席婚宴,出席的是双方家长和主要亲友、同事。袁秀芬特意邀请她事业上的导师刘荃的妈妈做证婚人，老太太欣然同意。不过事前两天老太太想到，如果由她的先生刘教授来做证婚人似乎更好，一位德高望重的医学教授来给他们证婚，金、袁两人更是求之不得。证婚词无须婚庆公司准备，刘教授出口成章，勉励两人互敬互爱、白头偕老，勉励二人为国家、为社会多做贡献。

金博贺一些生意上的朋友闹着一定要吃喜酒，金博贺只好跟袁秀芬商量。袁秀芬也很识大体，体谅先生的难处，选了一个风和日丽的下午，在花园酒店的草坪上，落落大方地办了一场招待酒会，朋友们倒也觉得新颖别致，都说金博贺讨到一位这样的"家主婆"，真是好福气。

70.

徐家霆正式走马上任幸福村街道社区卫生服务中心副主任，辅助王主任推进签约服务和建设全科医生工作室的工作。孙静娴医生及社区卫生服务中心原来两位老的副主任医师，也各自领衔建立了自己的工作室。两位老医生工作经验丰富，也很得居民的信任。这样不但健全了卫生服务中心全科医生工作上的建制，也调动了大家的积极性，卫生服务中心的群众对于这个新领导又多添了几分好感。

孙静娴医生，对社区卫生服务工作从不熟悉到熟悉、进而到热爱社区卫生服务工作，感情的创伤也逐步平复，唯只身一人租住在出租屋中，终非长久之计。这两年来，孙医生的仰慕者、追求者也不在少数，不过孙医生前番的创伤过重，对未来的感情生活抱着十分谨慎的态度，始终未能迈出一步。当然，通俗地说就是缘分未到吧。

自从上次一个偶然的机会，刘荃的爸爸得知这孙医生便是自己老同学的侄女，并受老同学之托照顾孙医生之后，刘教授夫妇两人古道热肠，受人之托，忠人之事，对孙医生照顾有加。孙医生性格平和，温文尔雅，也让人怜爱。孙医生成了刘教授家中的常客，刘教授家中也常有些学生往来，他们或探望老师或请教学问，好在孙医生亦是同行，无须回避，而且渐渐地他们之间也熟悉了起来。

刘教授的这些高足当中，有位张副教授，本是刘教授的博士研究生，毕业后留校做了两年助教。后来有机会在刘教授的推荐下去了美国加州大学洛杉矶分校做博士后研究。其时有一女士热烈追求张君，终于在张君行前成婚。张君赴美稍定，该女以家属身份赴美团聚，此事本也无可厚非。只是张君在美博士后研究结束，准备回国时，该女士力主张君留在美国工作，并声称若张君回国她必不相随。张君无奈在一家医院的病理科谋得一项工作，不过自此夫妻间常有龃龉。又一年，该女忽抛出离婚律师函，情意既绝，张君乃签字同意，并辞职回国，仍回原校工作。

张君名宗厚，浙江人士，家在本市，为人忠厚，性情平和，身高 1.80 米，身材魁梧。张君治学严谨，科研教学认真，回国后第二年已晋升为副教授，为刘教授得力的科研助手，为此也常来刘教授家中请教，得与孙静娴相识，彼此也都有好感，唯对对方的婚姻情况皆无所知。

第二十章 好人有好报 这阵子好事连连

这天适逢中秋佳节,张宗厚和刘教授的几位学生前来探访,这天刘荃一家回来吃饭,到了傍晚刘师母便要留学生们一起吃便饭,两位学生力辞,皆称家中妻小等待,只留下了张宗厚一人,适巧孙静娴医生也在帮助刘师母准备晚餐。晚餐时气氛甚为融洽,小依医已经三岁,唱了儿歌,外公、外婆乐不可支。老太太对于家庭的事情到底敏感些,顿悟张、孙两人皆系单身,而且年龄相当,条件相仿,何不加以撮合?

席间,刘教授夫妇自然有意无意地询问了两人家庭情况,说了些事业与家庭应当并重之类的话。对两位前辈的意思,两人当然也心知肚明。席散,刘师母建议张宗厚开车送孙医生回住所。车到孙医生住处的弄堂口,孙医生便表示了谢意下了车。自此之后,这辆白色小轿车,节假日便常在此弄口出现。

71.

晚上九点半,中华医院心脏内科病房。

值班医生刘荃带着一位实习医生,接受了一位由心脏监护室转入病房的病人。病人是一位78岁的老年男性,当日凌晨因为剧烈胸痛,由救护车送入中华医院急诊室,诊断为急性心肌梗死。随即作了心脏导管检查,证实心脏冠状动脉的左主干支、左前降支等严重堵塞,放置了支架解除了堵塞,病人转危为安。在心脏监护室观察了12个小时,病情平稳,转入病房继续观察治疗。刘荃检查了病人的情况,安慰了病人的家属,开具了药物治疗的医嘱,嘱咐实习医生要注意观察的事项,解答了实习医生对于抗凝剂应用的问题。

  时钟已经指向十点半,刘荃走进了医生值班室,打开个人电脑,她要回答国外一家著名医学杂志编辑部对于她所投送论文中一些问题的咨询。刘荃负责研究的课题是中华医院心脏内科关于心力衰竭的国家级研究课题的分课题:一种新型抗心力衰竭药物的分子药理学及临床应用的研究。她的研究组共有两名同事以及两名研究生,在张副主任的直接指导下,已经进行了两年多艰苦的研究并取得了一些可喜的成果。张副主任鼓励他们尽早将研究成果成文,并在国际上发表。

  在大学附属医院工作的医生们大多有着教授、主任、博士之类的头衔,上班时,他们穿着笔挺的工作服,身边总是有他带教的学生相随,让人羡慕。实际上,他们十分辛苦,每天大多都要承担着大量的工作,教学、科研虽然都是他们的主业,但是除在教室里讲课、参加学术交流会以外,还需要担负医疗工作。所以每天的工作安排以时,甚至以分计。八小时工作时间是无法完成这些医生的工作内容的,只能频繁加班,国定假日是要轮流值班的,每年的带薪休假也基本上是很难享受到的。但是他们也有父母、有妻子儿女,也可能有家室之累,这在女性的医生当中可能问题会更多一些。刘荃就是这样的一位女医生,尽管她才刚刚晋升到副教授。

  徐家霆去英国进修了。她只能独自带着小依医,担子更重了,幸好依医的外婆能帮上忙,今天她在医院值班,依医就交给外婆了。上个月,有一回她在医院抢救病人不能准时下班,而外婆在护理学会主持会议也走不开,只好烦劳刘教授去接小依医。

托儿所的阿姨们不认识刘教授,亏得小依医"外公、外公"地叫着,阿姨们问清楚后,看看老先生慈眉善目也不像是个坏人,才让刘教授将小依医接走。

刘荃的研究论文在这家著名的医学杂志发表了,引起很好的反响。两个月以后,受到美国心脏学会的邀请和资助,刘荃赴美国波士顿在美国心脏病学会年会上做了演讲。美国南加州大学药理学系邀请她去做访问学者,合作研究……

刘荃出生于医学之家,从小耳濡目染,使她对医学研究有深厚的兴趣。她认为**医学要解决的问题很多,做医生的人不能满足于用现有的方法治疗病人,必须在医疗工作当中发现问题并加以研究,用更新、更好的方法治疗病人是医生的责任**。她觉得这才是上海医学院颜福庆老院长倡导的"为人群服务"的真谛,她正在努力地向着这个目标迈进。

72.

刘荃每天早晨七点准时带着小依医出发,先把依医送进托儿所,七点半之前准时进入病房,开始一天的医、教、研工作。由于晚上往往不能准时下班,又不好意思让托儿所的阿姨等着,所以大多数时间都由依医的外婆去接回,刘荃下班也就回到妈妈家吃饭,再带依医回家。刘荃和妈妈计划着:等到她出国去做访问学者,小依医只能完全拜托外婆了。中国的社会服务形式,无论是养老、托幼、教育、医疗等,对于日渐小型化、人人都要"上班"的家庭,多有不适应之处,对于如医疗、科研等难以准点上下班的人员,困难就会更多些。不过这些人员大多数都有较强的事业心,多少年来,一代代人也就这样努力地工作、生活着。

每天为着事业忙碌的人一般不会觉得时间过得很慢,徐家霆去了英国进修,刘荃自然有许多牵挂。幸好如今通信发达,三天两头的视频通话抚慰相互眷恋之心。不过似乎日子过得很快,徐家霆的进修结束了,这天在国际机场航站楼,小依医得到了一个大大的泰迪熊玩具,刘荃得到了一个深情的拥抱。

还未到家,徐家霆便收到岳母打来的电话,要他今晚过去吃饭。晚间一家人团聚,其乐融融,席间徐家霆当然少不了谈起在英国的见闻。刘教授30多年前曾经在剑桥大学做过一个阶段的研究工作,对于伦敦也还有一些印象,问起伦敦的匹克底里中心、纳尔逊广场、唐人街等,徐家霆给大家看他拍在手机里的照片,刘教授觉得与30多年前没有什么大的变化,因此说到这些国家的城市建设比较成熟,不像我们国家这些年来日新月异地发展。

第二天,徐家霆给社区卫生服务中心王主任打了电话,要向他汇报在国外学习的情况。王主任直接命令他在家多休息几天,"倒倒时差"。

哪里休息得了?刚挂了王主任的电话,就收到了袁秀芬的来电:

"老大哥,回来啦。"

"老大哥"的称呼有点陌生,忽然想起金不换就是这样称呼他的。

"老金要为你接风,明晚六点,订好了南京西路梅龙镇酒家18号包房,请你的夫人、岳父、岳母、小依医一起来哟,其他的客

第二十章 好人有好报 这阵子好事连连

人我都替你请好了"。

"都有些谁呀?"

"反正你都认识的,还有好消息要报告。"

"什么好消息?"

"现在保密,明天揭晓。"

梅龙镇酒家18号包房,金博贺夫妇做东当然先到,徐家霆、刘荃带着小侬医第二到。刘教授夫妇与张宗厚一起走了进来,张宗厚是他岳父的得意门生,徐家霆也是认识的,彼此握手致意,只是心里想他岳父怎么把学生也带来了。等到孙静娴、钟康福、忻莉莉三人来到,徐家霆方才想起去年中秋节在岳父家聚会时,他岳母似乎有促成张、孙两人好事之意,心里也在想,但愿如此,但愿如此。

半年未见,大家言谈甚欢,问了些关于旅英的见闻。酒过一巡,刘师母说她要宣布一个好消息,话到嘴边又改了:

"宗厚,你自己说吧。"

张宗厚满脸绯红,真是忠厚之人,看着孙静娴轻声说道:

"静娴,还是你说吧。"一桌的人听得真切,都笑了。

"我说就我说,我和张宗厚上周已在民政局登记结婚,希望得到大家的祝福。"看来孙静娴更老练些。

孙静娴话音刚落,包房里响起一片掌声,徐家霆建议大家向他们两人祝酒。

在一片祝福声中,忻莉莉悄悄地在钟康福的酒杯中加了些雪碧,深情地劝他:"不要再多喝酒了。"袁秀芬眼睛尖,笑着对钟康福说:"钟医生也要加油了。"钟康福知道她的意思,脸也红了。

147

第二十一章

视如亲人老太交钥匙
改进服务家属提意见

73.

这天下午,区医学会的礼堂座无虚席,徐家霆医生作访英医学报告。

报告进行了一个多小时,涉及的主要内容有:全科医学发源于英国,英国也是全科医生制度较为完善的国家;我国全科医学的理论与实践是与国际接轨的;英国的基层医疗卫生服务人力资源较为丰富,比如他们的全科医生工作团队中,大多有社会工作者参与;英国的全科医生业务能力较为全面,内外妇儿、神经、皮肤、眼、耳鼻喉等各科的常见病皆能妥善处理;英国全科医生有定期接受业务培训的规定,以保证其知识的不断更新;英国**民众的疾病医疗除急诊外皆需由全科医生诊所作首诊,全科医生若无法诊治,则由全科医生负责转上级医院处理**;英国的全科医生在疾病诊疗的过程中,普遍较为关注病人的心理状况及社会

第二十一章 视如亲人老太交钥匙　改进服务家属提意见

背景,与病人的交流亦较为充分。

"当然,英国的基层医疗卫生服务也并非尽善尽美。"徐家霆接着说。在他看来,突出的是效率问题,社区居民看全科医生也需要预约,若是由全科医生转诊到上一级医院,预约的时间就会更长,常会引起社会各界的不满,但是多年来这个问题并无任何改善。

徐家霆医生的报告取得了良好的反响,当地报纸也做了采访报道。

这年市卫生系统组织社区民众投票评选"最佳全科医师",徐家霆入选,而且在各入选人当中得票数最高,这引起了组织部门的重视:说明徐医生有良好的群众基础。当年恰逢区人民代表改选,于是徐家霆被推荐为区人民代表候选人,选举结果全票通过。徐家霆当选为人民代表,又多了许多社会事务,忙得不可开交。

这年年底,幸福村街道社区卫生服务中心王主任退休,卫生服务中心的担子——主任兼书记,完全落到了徐家霆的肩上。

"人生意义何在乎?为人群服务。"枫林桥畔医学院的校歌,时刻激励着徐家霆。

74.

徐家霆担任了幸福村街道社区卫生服务中心主任,一如既往地依然看门诊、管家庭病床,行政、业务"双肩挑"。这一天下午,徐家霆和袁秀芬例行进行家庭病床的随访工作,要随访的家庭病床共计有四家，下午两点十分左右，他们先到了华丰路98弄8号201室的王老伯家。王老伯今年78岁，退休前是一家大型国企的中层干部，无奈患有高血压、糖尿病等慢性疾病，三年前因中风瘫痪在床，生活不能自理，全靠老伴照料。老伴退休前是位纺织女工，并曾获评劳模称号，为人处世均甚干练，唯是亦已年过70，体力日衰。生有一女，虽在同城，但工作、家务繁忙，也只能节假日过来照料一下。平日请了一位钟点工，每日来烧一顿饭菜，其他全赖老太太操劳了。去年瘫痪在床的王老伯并发肺炎，建立了家庭病床，在徐家霆和袁秀芬的精心理疗之下，王老伯总算渡过难关。肺炎消除，本应撤销家庭病床，怎奈王老伯夫妇不愿撤销，坚持希望社区卫生服务中心的医护人员仍能定期上门访视。徐家霆考虑到两位老人家的实际情况，王老伯需要定期检查血糖、血压、调整饮食和药物治疗，还需预防压疮和便秘等事项，也确需医护人员定期上门随访诊治，就保留了这张家庭病床，每隔1～2周上门诊查一次。王老伯夫妇对于徐家霆医生和袁秀芬护士长期耐心细致的服务十分感激，他们的评价是：比自己的子女还亲。

　　问题是两位老人的听力越来越差，敲门声常常听不见，有时候甚至连电话铃声也听不见。上个月就发生过徐医生他们来家访时，不得其门而入的事。这次也是敲了好久，才开了门的，为此老太太说了许多抱歉的话。等到他们诊查完毕临走的时候，老太太突然拿出了他们家的钥匙一定要徐医生收下，说这样他们来看诊就方便了。徐家霆不肯接受，认为家门钥匙是一个家庭私密性的屏障，外人不应拥有。老太太急了，说是"我把你算成我们自己家的人总可以了吧。"徐家霆还在犹豫不决,袁秀芳倒是劝徐家霆说:"收下吧,这是病人对我们的信任。"

后来,这事不知怎么让一个新闻记者知道了,于是当地的报纸上就有了这样一篇文章,标题便是"家门钥匙千斤重,医生患者一家亲"。报纸上一发表,还引起了市卫生行政主管部门的重视,因为推进基层全科医学服务,需要不断提高民众对全科医生服务的认可,居民将自家的钥匙都交给了全科医生,充分表明了民众对全科医生工作的信任。当然,要取得这样的信任,全科医学同仁必须努力提高服务的质量。

75.

幸福村街道社区卫生服务中心对医疗卫生服务的质量一向是十分重视的。老王主任在任时常挂在嘴边的话就是:"同志们要想一想,在我们这个城市有那么多的大医院、大专家,病人不去,而到我们社区卫生服务中心来找我们看病,是对我们的信任,我们不好好地为他们服务,怎么对得起人家?要我说,你是对不起人家,也是对不起自己啊,因为你担不起病人对你的信任嘛!"

许多年来,幸福村街道社区卫生服务中心狠抓医疗质量、服务态度,总体上来说在居民群众中的口碑还是相当不错的。不料有一天,徐家霆却接到了一位病人家属的投诉。病人家属称她父亲患晚期胰腺癌,住在服务中心的宁养病房里,本是希望在他生命的最后阶段能得到较好的照顾,但是宁养病房的硬件、软件都有所欠缺。比如天气很热,但病房里的空调机坏了三天也没修好；病人因为癌症夜间疼痛要注射止痛针，当班护士有时就表现得有些不耐烦……

徐家霆听了，二话不说，便随着病人家属来到宁养病房，查看了情况，听取了意见，问候了病人，并马上将办公室备用的一台电扇送进了病房。他谁也没批评，只是自责自己的工作还不够深入、细致。他知道康健街道社区卫生服务中心的宁养医疗做得好，便与他们的祝主任联系，第二天下午便带了近十位医护、后勤人员前去学习。

康健街道社区卫生服务中心的安宁疗护科，是复旦大学上海医学院的临终关怀教学与实践基地，安宁疗护团队曾荣获2021年"上海市社区特色服务项目""上海市中西医结合学会科技奖首届社区卫生奖"。而且正巧他们的安宁疗护病区最近还与相关艺术家共同创建了一个"让艺术介入临终关怀"的项目。祝主任和陈医生热情地接待了徐家霆一行。康健街道社区卫生服务中心的安宁疗护病区设在一栋楼房的五楼，一行人刚踏进电梯便发现艺术氛围扑面而来：电梯轿厢的壁上布置了绿草茵茵的图画，呈现出一片生机，电梯内还设置了固定的座椅，以备病人或家属之需。

进入安宁疗护病区，果然窗明几净，午后的阳光穿过窗户，再从室内亚克力的桌面上折射出彩虹般的光芒，折射在屋顶的天花板上，让人觉得祥和、温暖。过道的大厅里放着白色羊绒材质的云朵般的沙发座椅和绿色植物，营造出一个开放式的公共空间。墙壁上挂着一幅代表生命年轮的图画，引发人们对生命伦理的思考。大厅内侧的护士站，通过现代装置的效果，墙面和

第二十一章 视如亲人老太交钥匙 改进服务家属提意见

护士站台呈现了绿草如茵、垂柳迎风的效果,在这里工作的医护人员能不舒心?更妙的是更里面些的走廊墙上挂上了好几位当代艺术家的绘画作品,成了开在医院里的美术馆、病房里的画廊。看那春、夏、秋、冬四幅组画,让四季景色集于眼前;山东年画的喜庆色彩,传递出乐观、积极的生命态度;芭蕉在风雨中摇动,依稀是雨打芭蕉声的景致。祝主任介绍说:在全市的 200 多家安宁疗护病区中,他们首先尝试以"艺术进病区"的形式来进一步滋润宁养医疗的人文关怀氛围,营造出温馨、舒适、人性化的医疗环境。

改建后的临终关怀室充满了家的感觉,为终末期患者提供了一个类似回家的温馨环境。只见墙壁上的镜框里用漂亮的楷书写着"安宁疗护,舒痛解忧,心手相握,温暖生命"。病人安详地吸着氧或输着液,护士轻声地贴近病人询问:"这样好些吗?""还有哪儿不舒服?"空气里还飘浮着淡淡的花香。

疗护病区专职的陈医生介绍说:"我们安宁疗护的宗旨是'舒病人痛,缓家属忧'。'舒、缓'是我们的工作,'病患、家属'是我们的服务对象,'少痛、无忧'是我们的方向。虽然只有八个字,但是它的含义深刻,我们用心去做,努力做到照护有品质、服务有温度,让患者在生命谢幕的阶段感受到生命的尊严、人间的温暖,让患者家属满意是我们的目标。"

陈医生说:"我们所做的工作就是在病人生命的最后阶段为他们遮风挡雨,送他们最后一程,愿我们的努力能给这些遭受病魔摧残的人和他们的家庭带来一些慰藉。"

祝主任说:"医学是关怀人的学问。疗护病房病人的病虽然已经无法治疗，他们的身心正遭受着摧残，但他们是人，是我们的同胞、我们的父兄，我们不应该去尽可能地帮助他们吗？所以宁养医疗应该是最具人性化的医疗，也是我们全科学医学、社区卫生工作者义不容辞的使命。"

听到这里，幸福村街道社区卫生服务中心前去参观学习的同志们不约而同地鼓起了掌。徐家霆知道他们听进去了，今天来学习的目的达到了。

祝主任也跟着鼓了鼓掌，表示了答谢的意思。接着说：

"你们闻到了空气的香味是吧，我们是上海首家植物芳香治疗进入安宁疗护单位。反正，凡是有利于舒缓病人身心痛苦的，都是我们应该做的。"

康健街道社区卫生服务中心

第二十一章　视如亲人老太交钥匙　改进服务家属提意见

徐家霆带头鼓起了掌。参观了康健社区卫生服务中心的安宁疗护病区,徐家霆心头涌上了一个想法:在抓医疗、服务质量的同时,努力创造一个温馨、舒适、人性化的就医环境,向患者、家属、也包括医护人员传递尊重、关心与支持。让人在爱与被爱的环境里,最大限度地发挥人性之美,也是他这个基层卫生工作管理人员的职责所在。

76.

第二天一早,徐家霆刚到办公室门口,便看到那一台被他送到宁养病房的电扇又被送回来了,原来宁养病房的空调昨天晚上已经被后勤同志连夜修好了。不但空调修好了,后勤组的张组长还提出将宁养病房的墙壁刷新一下,这样可以使病房看起来整洁美观,也亮堂一些。还搬了几盆绿色植物送到宁养病房去,其中有两盆米兰,花虽细小但芳香幽雅,病房里的医生、护士、病人都说好。这张组长原是绿化工出身,这次他随徐主任参观了康健街道社区卫生服务中心,才知道原来弄弄花草也有帮助治病的功效,他说今后要保证宁养病房香气不断。

袁秀芬已经和宁养病房的几位护士开过会,也没批评谁,只是要大家"特别理解"宁养病房病人和家属的心情,拿出"加倍耐心"来做好工作。护士小孙主动检讨,说那天晚上她因为有些痛经,心情不好,对病人家属打止痛针的要求没有做到积极回应。袁秀芬也会做工作,对小孙说没事的,就像痛经一样:"知道了,就好了。"

宁养病房的负责医生是轮值的,徐家霆也考虑要向康健街道社区卫生服务中心学习,相对固定才好,他注意到林洋医生,也是经中山医院住院医师规范培训的全科医生,工作耐心细致,便找林医生谈了一下,林医生也表示愿意。

过了几天,上次投诉的那位家属在走廊上遇到了徐家霆,对徐主任表示了感谢,说是几天工夫,宁养病房的硬件、软件都改善了。徐家霆则表示要谢谢她对他们服务工作所提的意见。徐家霆又关切地问道:"病人有无未尽的心愿之类事情呢?"家属迟疑了一下说:

"倒是有一件小事,不过这与医疗无关。"

"没有关系的,你说说看,也许我们能有些帮助呢,哪怕只是些心理上的安慰也好啊。"

病人家属说,她爸原是中学的高级语文教师,生平喜欢中国古体诗词。退休后还自己写了不少,原本准备印一本诗集,留着纪念的,诗集名称也想好了,叫耕耘集,大多是表述他一生从事教育工作的事。后来病了,这事便搁置下来,前些时候他忽然提起,但家属对此一筹莫展,不知如何办理。

徐家霆听罢,觉得病人的这个心愿从临终关怀的角度来说,也是应该努力帮助的。便道:

"如果你们信得过,把书稿交给我们,我们来想想办法。"

"那太谢谢你们了!"

第二天,这病人家属便将诗稿交给了徐主任。

徐主任找出版社朋友商量,这位朋友说正式出版书籍周期较长,恐怕病人等不及,为了结病人心愿,他可以帮助进行编辑,

第二十一章 | 视如亲人老太交钥匙 改进服务家属提意见

再找印刷厂帮忙尽快印制,十天半月可成,供赠送亲友、留作纪念,也有同样效果。徐家霆征求了家属意见,家属十分感谢。结果只过了一个星期,50本装订完好的《耕耘集》就送到了病人床旁。病人手抚自己的诗集,百感交集,热泪盈眶。家属告知此事全赖徐主任帮忙完成,老先生执意要见徐主任,并要亲手将诗集赠送给他。

徐家霆握着老先生的手,拿着老先生的诗集,与老先生合影,留下了珍贵的纪念。

三天后,老先生安详地离世。

这次的投诉"事件"让徐家霆主任也深受教育,他觉得:一是要学习先进、永不满足;二是要相信群众、一定能做好工作;三是"为人群服务",哪怕只是做一点小事,也是很有意义的。

第二十二章

本当欢度春节　不料阴霾降临

77.

冬季的一个早晨,窗外有些雾气,天阴沉沉的,风冷飕飕的。老人们说:秋雾寒风、冬雾雪,怕是要下雪了。尽管如今空调普及,也不吝开灯照明,不过在感觉上总不及阳光明媚来得好。

虽说圣诞节、情人节之类洋人的节日这几年也渐渐地热闹了起来,但感兴趣的主要还只是办公楼里的年轻人,事实上是商业炒作的结果。但是春节可不一样了,说起来其实春节是农耕文化形成的节日,如今大多数的人早已不再农耕,但它是最重要、最喜庆的国定假日,而且是一年当中最长的假日。春节最重要的功能是家人的团聚,是休闲,其次才是旅游,说实在话,除了看雪景,冬季并不是最好的外出旅行的季节。

眼看春节将至,尽管天阴风冷,人们心底总是有着几分愉悦和期待,在盘算着这个春节怎么过。

春节怎么过？看看我们几位熟悉的朋友吧！

第二十二章 本当欢度春节 不料阴霾降临

徐家霆的父母都已60多岁,他妈妈已经办了退休手续,但是"妇产科没人",其实也不是真没人,这几年医院妇产科医学博士都进了两位,而是缺少经验丰富的人把关,所以医院的院长、书记坚决要聘她为名誉主任,一再要求她"继续奉献"。又有民营医院早已瞄准了她,许以高薪,要挖她去担任妇产科主任。他妈妈思来想去,枫林桥畔上海医学院颜福庆院长提倡的"公医制"占了上风,还是留下来继续奉献了。他爸爸也被"不让退休",也只好继续"为人群服务"着。徐家霆因为工作太忙,已经有好几年没有回家过年了,这回原是准备带着妻子、女儿回家乡去看看父母亲的。不过却接着他妈妈的电话说她们夫妇准备春节来沪看看亲家母,感谢她们对家霆及依医的照顾,这边刘教授夫妇知道了,当然是十分高兴。

孙静娴和张宗厚两人已经登记结婚,只是两人都忙于工作,虽然张宗厚家里原有住房,但她两人婚后的家庭生活,锅碗瓢盆皆有待于这春节假期稍作安排。孙静娴的父母也要过来会见亲家,而且据孙医生说,她的叔父孙国舫与婶婶也将一起过来祝贺,并看望他的老同学刘教授。刘教授夫妇自然是非常地期待。

金博贺与袁秀芬这一对已经安排了海南三亚的旅行,并且相邀金博贺的父母、岳父、岳母、小舅子一并同行,为此金不换已经在三亚订下了一栋别墅型的旅店,准备度过一个快乐的春节。

忻莉莉的家里似乎生怕这个宝贝女儿成为"剩女",催婚甚紧,不断安排相亲,把莉莉弄得"烦死了"。而钟康福则总觉得自己准备不够,当然主要还是在经济方面,他爱忻莉莉,但又觉得他没法像袁秀芬的丈夫那样能给自己所爱的人一个优越的生活,迟迟不肯表明心迹。忻莉莉是何等的聪明,而且还对心理学有所研究,她明白钟康福的心意,更觉得这个男人的可靠,她明确地向钟康福表态:她并不稀罕坐享富裕的生活,她要的是志同道合,共同创造美好的未来。她要在春节期间带他去见她的父母,并向他们表明非此人不嫁的心迹。钟康福并非"憨大"(沪语:傻瓜),接受了忻莉莉的诚意。

78.

　　春节到了,天空仍然是一抹铅灰色,太阳迟迟不肯露面,阵阵寒风吹过,却又带来连绵细雨,江南的冬天算不得很冷,至多不过有点薄冰罢了,只是潮湿加了进来,又冷又湿让人不爽。幸而春节期间家人团聚,亲友相会,兴奋冲淡了寒意。

　　金不换一大家子去了海南,不过据说那边也是阴雨绵绵,大海里白浪滔天,沙滩上"小猫两三只(吴地谚语:人迹稀少之意)",真有些煞风景。不过,据袁秀芬发过来的微信说:那边的海鲜倒确实是好。

　　钟康福拜望了忻莉莉的父母。虽然不如《三国演义》里吴国太在甘露寺见到刘备,马上表态"真吾婿也",但小钟医生一米七几的个头,体格健壮,举止文雅,也让两位老人觉得踏实。况且尽管如今人们言谈之中对于医疗服务常有不满情绪,但对医生还多少有些崇敬之意。忻莉莉的父母文化水平不高,听说钟医生大学毕业,学的是中医,兼通西医,觉得很好了,看着眼前的这位医生将成未来女婿,两位老人心里也就自然地认同了。

第二十二章 本当欢度春节 不料阴霾降临

这天,刘教授夫妇宴请徐家霆的父母、孙静娴的父母及叔父、婶婶外,索性将张宗厚的父母也一起邀请了过来。春节期间许多酒楼饭店歇业,据说这家饭店的主厨也已回乡探亲,但刘教授是他家常客,老板便亲自下厨,做出一席盛宴来。席上众人品尝佳肴、言谈甚欢,这一席上有五对老夫妻、两对中青年夫妇,第三代只小依医一个,自然成了大家的开心果,又背唐诗又唱歌,背好、唱好还有说明:是外婆教的。把外婆乐得合不拢嘴,说是幼儿园老师教的。依医不依,嘟起小嘴说:"外婆赖皮、外婆赖皮,是你教的嘛。"引得大家都笑了起来。

宾主之中多为医务人员,话题免不了涉及医务事件,说起近日有一种呼吸道传染病,来势汹涌,似乎是当年"SARS"再现。提起 SARS,大家心头升起了一种不祥之兆,都但愿只是一种误传就好。

谁知次日果然报载确有其事,并称本市亦已有类似病例出现,当日晚报并称我国科学家已查明系与 SARS 同源的一种新型病毒所引起,并已向世界卫生组织报告。出于医生职业的敏感性,徐家霆的父母、孙静娴的父母、叔父婶婶都表示不再停留,当及时返回原籍,准备投入抗疫工作。

第二十三章
以人民为重、生命为重的抗疫斗争

79.

春节长假尚未结束,疫情防控已经刻不容缓。世界卫生组织已向全球发布了"公共卫生紧急情况的公告"。只是各国政府反应不一。我国政府"以人民为重、生命为重",采取了一切必要的措施,为了防止疫情的扩散,交通已被严控。这可苦了金不换的一大家子人滞留海南,海鲜再好也食而无味,袁秀芬还惦记着要回来上班,心急如焚。幸亏金不换善于"危机公关",总算把一大家子人分批弄了回来。

中华医院已经奉命组建医疗队支援疫情重灾区,"人生意义何在乎,为人群服务"的校训在刘荃耳边响起,她主动报名,义无反顾地成了第一批奔向抗疫前线的逆行者。"逆行者"一词出现于抗疫斗争的初期,是指出于道义上的责任,向着出现风险,甚至涉及生命风险的地区前行的人们。刘荃向她的同事们交代了她负责的病人情况,向医学院推荐了代她讲课的同事,给她爸妈和徐家霆打了电话,下午四点回家去取了一点简单的行装。外婆带着依医来了,刘荃一把抱起依医亲吻着她的额头。母亲的亲吻本是寻常不过的事,但是做医生的母亲平时实在是太忙了,小依医已经久违了母亲的体温,她被母亲紧紧地抱住,伸出小手去抚摸妈妈的面颊,惊奇地发现妈妈已经剪去了长发,好奇地问道:

"妈妈,你要出差去,怎么剪了头发啊?老师说我们小朋友才剪这种童花头哩。"

"妈妈这次出差会很忙、很忙的,怕是没空理会头发的事了,所以我们去的女生都剪了短发了。妈妈好看吗?"

"好看、好看。"

"你在家要听外婆的话啊。"

刘荃放下了依医。在一旁的外婆却过来一把抱住了自己的女儿、吻着她的额头:

"依医是个乖孩子,你放心,自己要注意做好防护……"外婆的眼睛湿润了。

"妈,没事的。那年SARS,你不也是在第一线工作的吗?"

"总是小心些好,这次的情况看来比上次的严重。"外婆拿出手帕擦了擦眼睛。

徐家霆回来了。右手拎着一袋袋面包、面条、熟菜,左手拎着一大袋橘子。看见岳母在,说道:

"妈,荃荃七点钟要到医院集合,我七点钟也要到区里开会,区里要布置社区防疫工作,怕是来不及烧饭了,所以买了些面条和熟菜来,要吃面包也行。这橘子让荃荃带在路上吃。"说罢拿起一个橘子给小依医,依医拿了橘子不吱声,一双大眼睛里泛起了泪花,她知道妈妈又要出差了,不过这回气氛好像与以往不同,大人们都没了谈笑,外婆好像还抹了眼泪。她不太明白为什么,只是心里不开心,有点想哭。

大家匆匆地吃了些面条,徐家霆买回来的熟菜有熏鱼和油爆虾,都是刘荃平时喜欢吃的。不过今天大家也都没了心情,刘荃只勉强吃了一片鱼、两只虾,笑着对徐家霆说:

"这些东西你明天热一下,一个人慢慢地吃吧,明天要吃完,别留到后天哈。"抬头一看钟,已经六点二十分了,便道:

"妈,我要走了,你多保重。"

"妈妈……"小依医忍不住哭出声来了。

外婆赶紧揽住依医。

刘荃在依医额头上吻了一吻:

"依医乖,不哭,妈妈去一个月就回来了啊。"

徐家霆开车送刘荃去医院集中,中华医院医疗队一行128人,当晚乘专机飞赴疫情最为集中之地。徐家霆在区卫健委开会,局里布置了"一大堆"社区防疫任务,回到家里已经快十一点,外婆已经带着依医回自己家里去了。十一点半,徐家霆的手机响了,听到刘荃她们已经到达目的地,正在乘车进城,该地已经封城,一个千万人口的大城市,没了车水马龙、灯红酒绿,一片令人压抑的寂静。

救死扶伤是医务人员的天职,疫情就是命令,他们义无反顾,勇往直前投入了抗疫斗争的最前线。

第二十三章 以人民为重、生命为重的抗疫斗争

80.

医疗队的人员直到凌晨两点才安顿下来,队长虽要求大家抓紧时间休息,事实上空气中充满着紧张的气息,大家的心里兴奋与不安交织,似乎没有人能真正地进入梦乡。他们是来抗疫的战士,但也是老人的子女、幼儿的父母、小家庭的夫妻、热恋中的情侣,他们突然来到了一个陌生的环境中,将要从事一项艰巨的工作……

上午八点,他们已经换上了被称为"大白"的从头到脚的隔离服,戴上口罩、眼罩,为了便于识别,只好在隔离服上用记号笔写上单位、姓名。"中华、刘荃"负责重症监护病房(lCU)里的八位病人。八位病人中六位用上了呼吸机,两位用着人工膜肺(ECMO),靠着机械的力量维持着生命。医务人员必须时刻关注他们的各项生命体征、调整治疗的方案,病人生命所系,不能有任何的疏忽。刘荃是心脏科副教授,除了管理自己负责的病人外,还需负责全病房其他医生有关心脏问题的咨询、指导。

由于繁复的隔离服穿脱不便,无法正常饮食、如厕,大家只好尽量少喝水。一天下来,内衣汗湿,疲惫不已。队里领导鼓励大家多吃点、保存体力,其实大家更想睡觉,因为实在是太累了。

……小依医用小手抚摸着她的面颊,说她的童花头好看、好看……刘荃已经进入了梦乡,在梦里享受着天伦之乐。

除了体力上的累,还有心理上的累。第二天上班听着夜班的同事报告:凌晨四点三十分,21床的一位高龄患者不治身亡,

正是她分管的病人中的一位,心中"咯噔"了一下。病人是一位退休教师,毕生从事教育工作,几年前曾发生大面积心梗,放了支架,得到了挽救,可惜这回未能闯过这一关。作为他的主治医师,刘荃心中很不是滋味:国家派了医疗队到这里就是为了抢救这些病人的呀。当然,面对这样一种凶险的疾病,医疗的能力还很有限,医学永远需要不断地研究,医疗水平也期待不断地提高,这是刘荃一贯的追求。整个一天,这位老者的形象不时浮现在脑海之中,心里总觉得压抑。

81.

一大早,徐家霆便到了社区卫生服务中心办公室。七点半钟光景,副书记与副主任都到了。大家也都知道发生了疫情,而且这波疫情来势汹汹。徐家霆传达了区局会议的精神:紧急动员、全力以赴。立即要开展的工作有:一是开出发热门诊、专门诊治发热病人,作为监测疫情的"哨点";二是负责全社区居民的核酸检测工作。为了做好相关工作,马上就要派人去"区疾控中心"学习有关规定和操作程序。大家商量下来,决定发热门诊由孙静娴医生主持、李副主任医师协助;核酸检测工作由忻莉莉与化验员小马负责;全院的消毒隔离工作由袁秀芬负责。九点半,徐家霆自己开车送孙、忻、袁三人去区疾控中心参加培训,又立即回来安排相应事宜。

下午两点召开全院职工大会,说明情况、布置任务、提出要求:全力以赴防控疫情,努力做好日常医疗工作,搞好防护、避免感染。傍晚接受区卫健委及疾控中心的检查,徐家霆和副书记等人一直忙到深夜两点,也没回家,便在办公室稍事休息。

第二天一早,袁秀芬带来了许多早点,大家胡乱地吃了一点。

上午八点发热门诊、核酸检查点正式开工……

疫情形势严峻,感染率不断攀升。国家"以人民为重、生命为重",防疫措施不断加强,社区卫生服务中心是防疫的前沿阵地,工作任务也就不断增加。密切接触者居家隔离的医学观察,也成了社区卫生服务中心的重要任务,发热门诊的就诊量大幅度上升,核酸检测的频率加大,医学隔离观察的对象也不断增加,人手越发紧张。区里还来调人去支援"方舱医院",钟康福医生听说便主动请缨去了方舱医院,接下来社区卫生服务中心所属卫生服务站也要开出核酸检查点,徐家霆实在有点感到焦头烂额,结果是副书记主动去了卫生服务站做核酸采样工作。

病人是被定点隔离治疗了,但防疫的重点更是面对大众的预防工作,疾控中心、防疫站只是个技术行政机构,具体的防疫工作更多的是由社区卫生服务中心承担的。处在防疫第一线的社区卫生服务中心还要维持民众的基本医疗服务,忙得不可开交。任务不断下达、情况要不断上报,作为一个基层部门的领导,每天的工作像是到处"救火"一般,徐家霆这一个多月几乎是以单位为家了,副书记给他弄来了一张小的折叠床,晚上就睡在了办公室里,吃点泡面或是面包、红肠之类。幸好小依医由外婆承包了,全不用他费心劳神。小依医会学着大人的口吻打电话给他说:

"爸爸,我好想你啊,你什么时候回来啊?"

外婆就在旁边,对依医说:"你爸爸很忙,等有空了他就会回来的。"

依医冷不丁地冒出一句:"我们幼儿园的老师怎么不忙的呢?"小孩子只知道家长和老师。

"你爸爸、妈妈是医生啊。"

"噢。"依医太小了,还不善辩,没问做医生为什么要忙呢?她"噢"了一声,似乎懂了做医生就是应该忙的。

小依医的妈妈作为国家医疗队队员去了外省,夜以继日为抢救染疫的病人而奋斗,小依医的爸爸在防疫的第一线,为保护广大民众的生命安全,不分昼夜,努力工作,体现了国家"以人民为重、生命为重"的防疫方针,实践着枫林桥上海医学院"人生意义何在乎,为人群服务"的医学宗旨。

田林街道社区卫生服务中心

第二十四章
夕阳下的温情　防疫中的社区

82.

疫情终于出现了拐点。"拐点"两字，本是指显示疫病发病率逐日变化的曲线从上升到持平、再到下降的现象，逐日发病率从升到降，自然代表了疫情被控制。

刘荃在重灾区工作了近两个月，和同事们一起救治了无数病人。一天，她和另外一位同事推着病床上的病人到另一栋楼去作检查。这位病人是一位老者，在重症病房里经过将近一个月的抢救治疗，终于转危为安。检查结束返回病房时适逢夕阳西下，红霞满天，她们特地停下脚步，让老者欣赏这久违的美景、体会人间的美好。夕阳下，看着这位被从死亡线挽回的老人会心的微笑，刘荃心中也油然升起一种满足感：这就是医务工作者人生的意义啊。"夕阳下的医生与患者"，体现了医生对患者的人文关怀，也实现了医患之间精神上的交流。照片发回中华医院，被放大了挂在医院主楼的外墙上，在一片肃杀之气的疫情期中洋溢出医学的温情。

第一批医疗队将返回医院,刘荃医生获评为"抗疫先进工作者",体重减了2.5千克,脸上因为长时间戴口罩而形成的勒痕,让她变成了一个"口罩脸"。当地以警车开道的隆重仪式送别她们,回到上海后,市政府安排了一个疗养地,让她们隔离观察、休息疗养。小依医知道妈妈回来,高兴得不得了,但是暂时还不能见面,于是便不断地要求外婆让她在手机里与妈妈视频通话。有一次在视频通话中她突然问道:

"妈妈,外婆说你和爸爸都是医生,所以很忙、很忙是吗?"

"是啊,我们忙着给病人看病啊,我们越忙治好的病人就越多,不好吗?"

"可是,我们幼儿园的小朋友都有爸爸、妈妈陪着玩的呀。"小家伙实际上是在提抗议。

"所以我们请外婆陪你啊,外婆可是妈妈的妈妈呀。"说是这么说了,刘荃心里有点不是滋味。

"嗯……"依医见说不过她妈妈,心里不大高兴。

隔离观察期满了。这天阳光明媚,一早,疗养院门前就停了许多接人的车子,大多数是丈夫来接妻子的、妻子来接丈夫的,还有相恋的男女来接心中的那个。徐家霆本也准备来接刘荃的,不料上午八点区卫健委和疾控中心便要来检查疫苗接种工作的情况,而疗养院远在郊区,便只好有劳岳母大人了,徐家霆订好了网约车,岳母带着小依医去了疗养院。

疗养院里到处是亲人重逢,欢笑中夹带着激动的泪水。这次的任务是带着相当风险的,所以"回来了就好、回来了就好"成

第二十四章 夕阳下的温情 防疫中的社区

了大家不约而同的心声。

刘荃估算好这时她妈妈和依医要到了,便在窗口注意着外面进来的人,她妈妈牵着依医的手四处张望着走了进来,刘荃看见了妈妈和女儿,其实也只分别了个把月的时间,但是似乎妈妈更苍老些了,脑子闪过的是妈妈更苍老了,但嘴巴却叫了:"依医……"

依医听觉、定位的能力都比她外婆强,马上锁定妈妈在二楼的一个窗口,回应了一声:"妈妈……"马上拉着外婆向这边走过来。刘荃飞快地跑下楼来,在楼下的大厅里,依医挣脱了外婆的手,一下扑进了妈妈的怀抱中。

刘荃抱起依医,才叫了声:"妈"。

老太太看着近两个月来牵肠挂肚的女儿,心疼地说:"荃儿瘦了。"

"没关系,刚好减肥。"

"妈妈,你们在那里忙得没有时间烧饭吃吗?"依医用小手摸着妈妈的脸说,这阵子爸爸妈妈太忙的事充满了她的小脑袋。

"不是的啦,那边有专门的厨师烧饭给我们吃的,照顾很好的呀。"刘荃这么说也是对她妈妈的回答。

"那妈妈怎么变瘦了呢?"

"妈妈忙呀。"

"噢……"依医对这个"忙"字又增加了认识。

回家了,家里已经整理得干干净净,面包、面条、水果、牛奶放得整整齐齐,冰箱里有半成品的菜肴,毛豆子已经剥好。徐家霆也是个粗中有细、爱生活、爱老婆的角色。

83.

疫情趋缓,方舱医院的任务暂告一段落,但报纸上的说法是"关舱"了,还拍了照片登上头版:大门上贴了封条。人们总是希望倒霉的事早点了结、彻底结束。

钟康福回到社区卫生服务中心工作,带回来一张大奖状:"抗疫先进工作者"。

疫情并未彻底结束,病毒不断变异,变异的总方向是致病力虽在减弱,但传染性却在不断增强。传染性增强,一传十、十传百,防疫工作的要求更严格了。而且在这种全球性疫情中,中国也很难独善其身,中国政府的防疫方针是"以人民为重、生命为重"。通过大规模、高频率的核酸检测与细致的流行病学调查,发现感染者及其接触者即予以隔离治疗或隔离观察。

执行这一工作的主体是基层卫生人员,幸福村街道卫生服务中心的工作确实十分辛苦和忙碌。核酸检测的采样工作除了卫生服务中心本部外,一个下属的卫生站也开出了采样点,高峰时期甚至要求日夜开工,24小时采样。忻莉莉带着几位化验员、护士忙得不可开交,前面说过连支部副书记也都亲自上阵了,忻莉莉结婚只休了三天婚假,便忙不迭地来上班了。发热门诊是发现感染病人的重要岗位,一刻也不能松懈,社区卫生中心原是不开设急诊的,但这个发热门诊高峰时期却要日夜开放、周末亦不停诊,孙静娴、李副主任医师带着两位年轻医生日夜奋战。偏巧这时孙医生有了妊娠反应,但她"不响"(沪语:不说),

一直坚持着工作。居家隔离治疗的感染者需要每天上门诊视，居家隔离观察的密切接触者也需要经常了解情况，这事不但需要不停地奔波，密切接触者被隔离还需要不断地解释与安慰，隔离带来的一些不便与困难还需联络居委会协商解决，这事徐家霆亲自负责，钟康福与袁秀芬协助。

徐家霆还是这个地区的人大代表，疫情，尤其是隔离，不可避免地会发生一些涉及民生的问题，作为一个人大代表，他理所应当地了解民情，向各级行政部门反映，协助解决。

"常在河边走，难免会湿鞋"，徐家霆等人负责居家隔离病人及密切接触人员的诊治、访视工作，结果徐家霆与袁秀芬都"阳了"（受到感染，病毒核酸检测阳性）。幸好他们都曾经注射过疫苗，发了两天烧，也就退烧了，甚至还有点低热也就来上班了。其实也不仅是他们两个，在感染高峰时段，病人猛增，各级医院的医务人员很多也都受到了感染。病人可以在家休息，医务人员如果也全休息，病人怎么办？没办法，一般都是退烧了就来上班。

大型医院人手较多，分工较细，疫情期间感染科、急诊科、呼吸科、重症科确实也特别忙。社区卫生服务中心人手少，分工也不那么明确，全科医生样样都得干、样样也能干。**社区卫生服务中心平时便承担着许多公共卫生服务工作，疫情期间更是站在了防疫工作的第一线，防疫期间防疫是中心工作，其他的工作尽可能地让路了，但是疾病是不让路的，社区卫生服务中心以全科医生为主体的基层卫生人员两副担子双肩挑，为保障人民群众的生命健康、为战胜疫情做出了突出的贡献。**

在经过三年多的艰苦奋斗之后，世界卫生组织终于宣布：疫情不再是全球公共卫生紧急事件。纵观全球的抗疫斗争,虽然抗击传染病的原则,如隔离患者、切断传播途径、保护易感人群等各国皆有共识,但各国执行的力度不同,成效也就不一。我国政府举全国之力,齐心合力,创造了举世瞩目的成就,我国的医疗卫生工作者为此做出了巨大的贡献。

当然,传染病的"达摩克利斯之剑"仍然高悬,人们还得时刻防备着疫情的反复、防备着新的传染病流行。

上海医学院颜福庆先生像

第二十五章
有情人终成眷属　夫妻俩"合资生产"

84.

方舱医院是在疫情中用轻质材料快速搭建起来的大型临时医院,收治需隔离治疗的轻症病人。钟康福在那里每天除了常规的医疗工作外,还教这些病人打太极拳、练八段锦,他还给腰酸背痛的老人打针灸、做按摩,病人都夸赞他。

钟医生借调在方舱医院工作,时间稍久就有人打听出来了:他是幸福村街道卫生服务中心的全科医生、学中医出身、康复中心主任、身高1.76米、今年27岁、还没结婚。病人当中有几位大妈对他有兴趣,因为她们的女儿都待字闺中,她们请他把脉,先说些身体有什么不舒服之类的话,钟医生当然来者不拒,但是说着说着就说到私人的事情上去了。钟医生后来知道她们的意思了,便明确地表示自己已有恋爱对象,有两位打了退堂鼓,但还有一位坚持介绍她女儿的优势,并表示她家经济条件优越,直到出院告别时还给钟医生留下了家里的地址,要请他去白相(沪语：做客、玩）。

忻莉莉的父母自见了钟医生之后，认可了这个毛脚女婿，便不断催促女儿早点把婚结了，他们想抱外孙了。忻莉莉这年虚岁24岁了，也赞同她父母的意见，眼看疫情趋缓，便正式与钟康福商讨此事。

钟康福是浙江台州人，父亲是当地的一名乡村医生，母亲是农民，生活尚可维持，家境并不宽裕，钟康福工作了几年积蓄有限，结婚要买房、买车实有困难。忻莉莉是本地人，她的父母虽然都是商业部门的普通职工，但每月都有工资收入，家里住着祖父留下来的两室一厅的老公房，生活虽不富裕，也还过得去。他们本是希望女儿能够"嫁得好点"，也曾接触过几位男士，不过这几位男士经济情况虽好，但或是年龄过大或是远在外地，甚至还有一位直言："忻家与他家不能门当户对"，忻爸爸是个老实人，听了心中甚是不悦。忻妈妈爱女心切，决心支持女儿的意愿。等到见了钟康福之后，他们也就认定这门亲事了。

忻莉莉深知钟康福的难处，便索性与父母言明：她结婚不要彩礼、不买新房，就住在家里，一来热闹些，二来大家都有个照应。忻妈妈听了心里暗自高兴，她正舍不得女儿离开哩，忻爸爸也表示赞成，倒是担心"钟医生是不是愿意"了。

钟医生当然是愿意的，和他自己父母说了，妈妈起初确实也有点想法：自家的儿子变成人家的上门女婿了，他爸是位乡村医生，到底多些见识，说是"呒搞、呒搞，又不跟伊那姓（方言：没事、没事，又不改成她家的姓）"。其实他的父母也正在为此事发愁：据说上海姑娘结婚要求都很高……等到听说未来的亲家如此开明,他们哪有不同意的理由呢?

　　这年的国庆节,这对有情人终成眷属,简朴的婚礼上,忻莉莉估计到双方家长都不善言辞,所以请了徐主任的岳母、她们护理界的老前辈来做主婚人。老前辈一辈子做了好多次月老,至今还担任着护理学会的名誉职务,是个热心人,女婿跟她说了,便欣然同意。老太太在婚礼上侃侃而谈,勉励两位医务界的小青年做好工作、孝敬父母公婆、互敬互爱,还要早得爱情结晶。这让钟、忻两人的父母都觉得:他们的子女能够跟这些有大学问的人在一起工作生活,是很幸运的事。

85.

　　张宗厚与孙静娴的姻缘真是天作之合。这两人性格相似,连兴趣、爱好也都差不多,甚至有人说他们的长相都有几分相似,即民间所谓的"夫妻相"。这两人都有过婚姻的创伤,巧的是他两人这"创伤"也都近似,所以两人对中年再婚都非常珍惜。他两人的第一次婚姻都未有生育,其中原因他们自己可能也都不甚了然。虽然他们此次婚姻并无须通过生儿育女来加固,但两人实在相爱深切,还是决定要孩子。感谢上苍,孙静娴当年34岁了,怀孕、分娩倒也一切顺利,他们的爱情结晶诞生了。

　　对孙医生的胖小子"羡慕死了"的不是忻莉莉,忻莉莉不着急。着急的是袁秀芬,当然更着急的是她家的金不换。他们结婚三四年了,没动静,都查过了,没问题;人称"送子观音"的名老中医的方子也吃了,没送子。当然知道还有试管婴儿的法子,已经在进行中。

忻莉莉虽然只是中专的学历,但人极聪明而有主见,钟康福对她言听计从。尽管两人的父母对于生育之事多有催促或暗示,但两人不为所动。忻莉莉的想法是:早点结婚是为了抓住机会,她已经认定钟康福是可以托付终身的人,机不可失,如今社会上许多学历比他高得多的女性便是因为不切实际地挑三拣四、蹉跎岁月,最后成了"剩女"。既然已经结婚,夫妻恩爱,比翼双飞,而且他们没房贷的压力、也没有照顾长辈或弟妹的负担,正好乐得享受两人世界。

忻莉莉结婚后住在自己家里,医务人员工作繁忙,做父母的看在眼里、疼在心里,能做的事是帮助她们料理生活。刚好这年她妈妈又退休了,小两口的一切家务事情几乎全由她妈妈包办了。只是钟康福坚决不让岳母给他洗衣服,坚持若在家一起吃饭,饭后他要去刷锅、洗碗。他的岳母真是"丈母娘看女婿、越看越欢喜",哪里肯让。岳父发话了:这事还是让你妈去做。岳父老脑筋,他自己是从不下厨的。星期天钟康福还常去菜场买菜,买回来还帮岳母下厨打个下手,弄得岳父、岳母心里直觉得自己女儿的眼力好,找了这么个好女婿。当然更让他岳父、岳母高兴的是一些亲友、邻舍知道他家女婿是个医生,而且还中西医兼通,于是有个头疼脑热的、腰酸背痛的都会过来请教请教。钟康福好脾气,都认真地解释、帮助,于是来人皆会夸忻家老夫妻好福气,找了这么好的医生做女婿。

钟康福夫妻两人都觉得如今是知识经济的时代,他俩趁着还年轻,又无家庭生活之累,还得努力学习,进一步提高业务能力,钟康福报了业余大学中西医结合专业"专(科)升本(科)"的班,而忻莉莉则进了业余大学心理医学大专班学习。工作、学习都忙,但他们互相鼓励、坚持学习,新的知识不断提升着他们的工作能力,也不断提升着他们的思想境界,他们深深地理解了"知识就是力量"的道理。

86.

袁秀芬在现代医学助孕技术的帮助下,成功妊娠。最最开心的当然是金博贺,他快做爸爸了,他提了几次:希望袁秀芬能在家休息待产。但袁秀芬不同意,他请徐家霆劝说,袁秀芬也不同意,他去找岳母来做妻子的工作也无效果。金不换拿她没办法,只好小心翼翼地每天开车接送她上下班,深恐有分毫差失。

直到临近预产期,袁秀芬方才休息下来,在家待了几天,金不换也待在家中陪着。终于,袁秀芬感到了宫缩,金不换赶紧把她送到中华医院产科,并陪伴在侧。第二天宫缩越频,医生估计快生了,金不换心里开心死了,但是看到妻子经受着阵阵产痛,又高兴不起来,想来想去没有别的办法,又去找医生要求做剖宫产了。关于自然分娩还是剖宫产的事,入院时产科医生做过评估,并与产妇及家属言明尽量争取自然分娩。袁秀芬是医务人员,自然知道其中的道理。金不换又去要求做剖宫产,医生当然也理解家属的心理,告诉他产程进展顺利,最多 2~3 小时之内即可娩出。产科的护士长正巧是袁秀芬上医护理系的同班同学,与金不换也是熟悉的,走了过来笑着说:

"你好坏啊,要想让秀芬多吃一刀,还不赶快到秀芬身边去。"

金不换这才定了心,赶紧打电话给他妈妈报告:医生说最多2~3个钟头就要生了!再打电话给岳母,岳父接着说是:她妈妈不放心,已经过来了……

岳母先到了,婆婆也来了,两亲家还没说上几句话,金不换被"赶出"了产房,说马上就要生了。大家不说话了,屏声静气要听产房里那婴儿来到世界的第一声。

金不换年纪轻,耳朵好,说是他听到了:"好像是婴儿的哭声。"他妈说他:"是就是吧,什么好像是。"

过了几分钟,产房走出一个年纪很轻的、大约是个实习助产士吧,奉命出来报告:

"谁是袁秀芬家属?"也不等家属答应,便报告:"生了个男孩,3 800克。"说完又进去了。

生了、男孩、3 800克,产房门外三个人得着了三条信息。岳母知道"生了",放下心来;婆婆对于"男孩",心中暗喜。金不换对这3 800克不知好是不好,便问他妈妈,他妈妈想了一下说:"你生出来七斤重。"金不换来劲了:七斤3 500克,这小子比老子强。

产妇送回休养室,护士长抱来包在蜡烛包里的小婴儿,小家伙睁着大眼睛要看这花花世界。外婆看着这双大眼睛,想起27年前小秀芬刚刚出世的神情,随口说了句:"眼睛像他妈妈。"言者无心听者有意,奶奶听了却生了几分醋意,说是"嘴巴像博贺"。金不换笑了:

"是我们合资生产的。"

第二十六章
梁教授解释全科医学
周医生介绍全科医疗

87.

初秋的阳光洒落在枫林桥畔上海医学院的校园里,仍然炽热,不过走在浓密的树荫下,已经有了几分凉爽的感觉,似乎告诉人们秋天已经到来了。

一间宽敞的阶梯形教室里疏落地坐着三四十位学员,他们看上去也还年轻,但是却比隔壁一间教室里的学生们流露出更加成熟的气质。这是全科医学系开设的研究生课程,学员主要是全科医学系的研究生。这是一种开放性课程,附属医院全科医学科的进修医生们也纷纷前来听课,徐家霆以社区基地教学人员的身份申请了旁听,早早地来到了教室,坐在最后一排,看着手中的讲义。

讲课的老师是全科医学系的梁崇光教授。梁教授原是一位资深的内科消化病学教授,曾任中山医院院长等职,自卸任行政工作后，专注于全科医学的学科建设与推广工作。梁教授讲课生动有趣，今天的讲题是"全科医学的人文精神"，但是开场白却讲了一个笑话，说是有人中了箭，延医诊治，方知原来这伤科又分刀伤、枪伤、箭伤诸科，乃邀箭伤科医师至，该医将箭柄锯去而辞，询其所以，谓：吾乃箭伤外科也。众生皆笑，梁教授话锋一转，问：全科医学就是不分科的医学吗？答：非也。

梁教授说，医学起源于对人的关怀，这个古老的行业之所以能长盛不衰，是因为人们需要对健康的关怀。而且随着生产的发展、社会的进步，这个需求更加的强烈：有病要治、无病要防。西方文艺复兴之后，现代科学技术迅猛发展，医学也进入实验科学时代，随着医学科技的发展，人们看到了医学科技的威力，甚至使得医生们在医治病人的过程中也越来越多地把注意力移向了对疾病的科技探索。

德国病理学家魏尔啸在他的名著《细胞病理学》中宣称：人体是细胞的总和，疾病的本质乃是细胞的疾病，治愈了细胞的病，人的病自然痊愈。他的同胞、德国细菌学家科赫则创立了"传染性疾病病因确定"的四原则：病原体感染发生于疾病发作之前、在病人体内能检获该原体、该病原体能在其他个体引起相同的疾病、治疗清除该病原体后所患之病即应痊愈。

两位德国医学家的学术被奉为经典，为现代医学铸造了定式：即任何疾病都是身体局部的病变，而且都由一个特定的病因引起，只有针对此项病因治疗，才有可能治愈疾病。

两位医学巨擘的学术自然是不错的，但是他们是将疾病视为与人的整体无关的局部问题，更不要说与人的心理、社会的关系了。这就导致疾病尽管长在人身上，却被与人分离开来进行研究的现象。而这样一来，便为医学人文精神的缺失埋下了伏笔。

在如今的临床医疗工作中，高度发达的各种检查技术，使许多疾病的诊断变得十分明确，也较易在疾病的早期发现，加上医疗技术的进步，治疗的效果也得到了明显的提高。这也使得医生的注意力转向了疾病而忽视了病人，医生只从某一器官疾病的病理过程来看他们的病人，而疏忽了对病人的重视，即所谓"见病不见人"，从而削弱了医学"照顾人"的初衷。

梁教授说，如今严重危害人们健康的慢性病，如动脉粥样硬化、心脑血管病、高血压、糖尿病、癌症、慢性呼吸道疾病等病因复杂，并非针对某种病因治疗即能将其治愈。

在老龄化的社会中，老人们大多有着这样或那样的退行性疾病：如骨质疏松、骨关节炎、前列腺肥大、老年性黄斑变性、老年性肺气肿、老年失智之类。这些疾病既与年龄相关，也就注定无法彻底治愈。但是无法治愈不等于不需要治疗。治疗的目标是减轻痛苦、提高生活质量、延长健康的寿命。不但身体的病痛需要得到医学的照顾，许多社会的、心理的因素亦会影响人的健康和引发疾病，或在原有疾病的基础上使问题更加复杂化。诸如此类的问题，其实也应该得到在医学层面上的照顾。

梁教授说，全科医学是一门集生物医学、行为科学及相关社会学科之大成的新型医学专科。不但照顾生病的人、还要照顾未生病的人，帮助他们预防疾病，甚至要照顾到家庭和社区，促成健康的家庭、健康的社区。全科医学的本质决定了它是一种照顾人的医学。全科医学的精髓不是强调分科不分科的问题，而是"以人为本"。

不知道是哪一位学员听得入神，竟然鼓起掌来，其他学员大约也完全进入了学术探讨的状态之中，也跟着鼓起掌来，梁教授微微欠身回礼，结束了讲课。

88.

下课了，徐家霆坐在后排，所以走在其他学员的后面。他注意到前面学员中似乎有一个熟悉的身影，赶紧向前几步仔细一看，果然是他，大学同学、毕业后同样进入中山医院全科住院医师培训的周道，这时周道也注意到了徐家霆，"徐——家霆"，话音刚落，两位老同学已经拥抱在了一起。

"你怎么来啦？"徐家霆问。

"再回炉啊，进修。"

"进修什么科？"

"全科医学科啊，我毕业后在家乡的一个镇上的医院做全科医生。"

"知道，还常去岛上的卫生室。"徐家霆帮他说了，这事他知道，周道曾经邀请他们夫妇去海岛游玩，他也确实想去，但是就是挤不出时间。

"后来成家了……"

"就回县里了？"徐家霆这几年确实也太忙，和同学们的联系也少了很多。

"不是,索性就在岛上安家了。"

"夫人呢?"

"她就是岛上的人,渔家女!"

"嗨,你小子厉害。"

"哪有你厉害?"

两人都笑了。周道说在岛上工作久了,虽说如今信息社会,终究少了些新知。为提高全科医疗服务质量,省里决定给基层全科医生每五年有一次六个月的带薪进修学习的机会,而且在山区、海岛工作的全科医生优先。

"年初我便联系母校的中华医院全科医学科,沈主任同意安排在下半年进修,所以上星期刚来报到,正想去找你哩。你怎么也来听课啦?"

"你要提高,我就不要提高啦?我还没你脱产进修的福气哩。"

徐家霆脑子动得快,不忘他这个上海医学院全科医学兼职副教授的责任:

"我还要请你来给我们的学生谈谈你的工作情况、你的体会哩,行吗?"

"行啊,行啊。给多少讲课费?"

"你财迷啊,请你吃只鸭蛋(画圆代表鸭蛋,零、没有之意)。"

"老括皮!(小气、吝啬的意思)"还是做同学时的语气。

89.

秋高气爽,晴空万里。一个周末的下午两点。

枫林桥畔上海医学院的一间梯形教室里,全科医学系在举办一场别开生面的活动。足以容纳百人的教室坐得满满当当,晚一点来的没了座位,便站在走道边上,有的索性坐梯形教室的台阶上。前面黑板上写着几个大字:"为人群服务,实现人生价值"。

徐家霆主持了这场活动,他先请全科医学系的朱主任致辞。朱主任先介绍:"今天活动的主旨是邀请了一位在特殊环境里为人群服务的全科医生、我们的校友,请他谈谈是怎样为实现自身价值而努力工作的,让同学们进一步理解全科医学,理解人生的价值。"她称赞周道医生为楷模,是上医全科医学系的骄傲,是值得大家学习的榜样。

周道医生理了个"板寸头"(一种前部稍长的平顶头),穿了一件淡黄色的T恤、淡蓝色的牛仔裤、白色的运动鞋,虽然长年海风的侵袭,使得他的面容略显苍老,但还是洋溢着青春的气息。在大家欢迎的掌声中走上了讲台,他说他开始在这里读书的时候,一心想做一个神经外科医生,觉得给人"开脑袋"本事最大。等到进入临床实习的阶段,他看到了许多疑难危重的病人,对于这些病人的疾病当然需要研究,提高疗效,但也需要预防,最好不生病。后来接触到了全科医学,他记得一位全科医学系的老师上课时说过:医生救治病人好比救落水者,救了一个还有

第二十六章 梁教授解释全科医学 周医生介绍全科医疗

一个,救了一批还有一批,一位哲人说,为什么不到上游去看看他们是怎样落水的呢?全科医学便是这个"阻止落水的医学"。周医生说,从此他对全科医学有了些认识,毕业后毅然进入了全科医学培训,结束后回家乡去做全科医生了。

周医生介绍他的家乡在浙江沿海的一个小城,这些年来经济发展情况也不错,群众生活改善,迫切需要提高医疗服务水准,做医生的人在哪里都是"为人群服务",于是他就回乡"去见江东父老"了。简历投进了县卫健委,他们一看是"上医"毕业的,第二天一位副主任就通知他面谈。周医生说:

"他们很客气,不叫'面试'叫'面谈',还问我有没有其他同学愿意过来?"

周医生接着说,刚好有一个镇上新扩建了卫生服务中心,他们很希望将基层卫生服务引向全科医学的模式,于是他便与另一位"浙医"毕业的全科医生到了镇卫生服务中心工作。过了两年,他索性在一个海岛的卫生服务站安家了。周医生笑了笑说:

"安家的意思你懂的。"同学们也都笑了。

"我和一个助手负责附近大小七八个岛上2 000多人,几乎全是渔民的医疗卫生工作。我们随时随地看病,什么病都看,这里真的是需要全科医生,疑难的就转送到镇上的卫生服务中心,我们有一艘快艇,二三十分钟就可以送到的。"

"我们什么病都看,这没有什么好说的,和你们说一件事吧。"

周医生说:他发现那里的渔民中风的发病率很高,而且发病年龄较早,50岁左右还是一个很棒的劳动力的时候就发病了,中风之后非死即残,对健康和生产的威胁很大。他说:按说渔民吃鱼多,摄入的不饱和脂肪酸多,出海捕鱼劳动强度也大,也很少肥胖体型的,应该不容易发生动脉粥样硬化、高血压,为什么中风的发病率会高呢?终于,他发现了渔民们吃得太咸,原因是过去渔船没有冷藏设备,远海捕获的渔货多靠盐腌保鲜,水产公司收购后剩下的就都自己吃了。他们长年累月地吃着这些咸鱼、咸蟹,习惯了,连青菜都腌了吃。他又主动地逐步做了血压的普查,这一查问题真不小,这里40岁以上的人大约70%患有高血压,50岁以上的80%有高血压,而且几乎都没有症状,也从未检查、治疗过,渔民们很少知道有高血压这件事。

"有高血压要治疗,治了高血压可以减少中风。"先去和村委会主任、村书记说,他们两个也有高血压,一说就通。书记还说村里有公积金,配药要自费的部分由公积金出,不要大家花钱,只要大家认真吃药,于是布置下去,大家都说好。有病要吃药倒还容易,要大家改变饮食习惯,吃得淡就不容易了。不过村委会主任说得好:过去穷,吃得咸是为了"下饭",现在条件好了,确实是要改善改善了。

"村委会主任这一说,让我想到何不从'吃得好'入手,让大家'吃得淡'呢?"周医生说:"我有个表哥在县里开饭店的,这年国庆节,我请他派两位厨师带些调料到岛上来,就用岛上的食材演示如何把菜烧得好吃。"糖醋鱼自然比咸鱼好吃,香辣蟹自然比咸蟹好吃,于是阿娘、阿姨们从心动到手动,也学着做了。再多宣传宣传,少放些盐有益健康,大家也就逐步接受了。几年下来高血压确实是控制了,这两年只发生了一例中风,也没发生食管癌、胃癌。

第二十六章 | 梁教授解释全科医学 周医生介绍全科医疗

"全科医生嘛，有利于增进民众健康的事都是我们应尽的责任。我想人生在世，能够为社会、为民众做些有益的事，这一生也就活得值得了。"周医生用这句十分直白朴实的话做了结尾，引发了满堂的掌声。

南桥镇社区卫生服务中心

第二十七章
社区防癌见成效　出国进修多牵挂

90.

秋天是收获的季节。

徐家霆对"社区肿瘤防治的观察与研究"的课题做了阶段性总结：登记在册 2 086 名 5 种常见肿瘤的高危对象，按常见肿瘤筛查方案定期随访检查，5～7 年随访的结果，共发现了肺癌 12 例，其中早期 10 例；肠癌 9 例，其中早期 7 例；胃癌 8 例，全部为早期病例；肝癌 6 例，5 例为早期病例；乳腺癌 9 例，全部为早期病例。所有早期病例皆获得了手术切除，除 1 例肺癌病人术后两年死于慢性阻塞性肺疾病、肺功能衰竭外，全部健在，最长的一位乳腺癌患者术后已生存 6 年，健康状况良好。**对照全市同期未经筛查自然发病的病例，早期病例所占比例明显增高，手术切除率与术后生存率亦明显提高。**总结文章在《中华全科杂志》全文发表时，杂志编辑部还发了评论，指出**这项研究工作证明了社区肿瘤防治大有可为。**当年肿瘤学会的全国会议在天津召

第二十七章 | 社区防癌见成效 出国进修多牵挂

开,还特邀了徐家霆医生与会报告,引起了肿瘤学界对社区肿瘤防治的高度关注。天津会议上还有一位参会的**日本癌症专家,一直以日本胃癌筛查工作的成就自豪,对徐家霆以家庭医生的身份在社区同时开展五种常见癌症的随访观察,并取得令人信服的结果大感兴趣**,便代表日本千叶县癌症协会诚意邀请徐医生访问日本进行学术交流。

孙静娴医生负责的糖尿病防治课题也有了可喜的结果:这个课题是在徐家霆建议下,差不多与他的癌症防治课题同时设立的。**课题以空腹血糖增高或糖耐量试验异常的社区居民为研究对象,据国外数据推算,这些居民理论上绝大多数都会发展为糖尿病。但通过饮食控制与加强体育锻炼,有可能减少糖尿病的发生率**,这在我国已有"大庆经验"证实。我国南方、北方民众的生活习惯殊多差异,对以改善行为为基点的防病措施还需要更多的实证,长远的效果亦需有进一步观察来证实。孙医生的项目在钟康福医生的协助下,经过5~7年对40多位糖尿病前期患者的研究也有了成果:一是通过控制饮食和增加运动、可略称为"少吃多动",对空腹血糖增高与糖耐量试验异常者确有阻抑糖尿病发生的作用,对空腹血糖增高者的作用尤为明显;二是"少吃多动"的生活行为需坚持执行,凡不能坚持者效果亦不能持久;三是直系亲属中无糖尿病病史者,通过生活行为改善阻止**糖尿病发生的效果,优于有糖尿病家族史者**。总结论文在《中华疾病预防杂志》上发表,引起了国内外学术界的重视。有趣的是这项课题研究还附带推出了两项产品:一是孙静娴医生根据营养学的原理研发了一款共有三种不同口味的杂粮馒头,不但营养丰富而且甚是可口,"升糖指数"甚低,不但适合糖尿病患者、亦适合一般人群食用,区餐饮协会已安排了几家门店扩大供应;二是钟康福医生整合了广播操明确的节奏感与太极拳连续不断动作的沉稳,发明了一种他称之为"降糖操"的体操,还分全套为六分钟与十分钟的两种,若上、下午各做一次,对降糖皆有帮助。钟医生已经将其做成"微视频"在微信公众号中传播,区体育运动委员会亦已列入推广项目。

刘荃与她的研究组关于心肌梗死后心功能维护的研究亦大有进展,他们发现了一种新型贝塔受体阻滞剂对此有良好的作用,论文在一份国际著名的医学杂志上发表,引起了国际心脏病学界的关注。

91.

美国加州大学洛杉矶分校心血管病学研究所的药理学家路易斯教授注意到刘荃的论文,表示欢迎刘荃去他的研究所进行合作研究。刘荃本已考有国家公派出国进修学习的名额,路易斯教授是国际著名的心血管病药理学家,自然是适合前往学习的。徐家霆当然表示支持,刘荃的妈妈更是表示:放心出国学习,小依医已经进了小学,别担心,一切由她来负责照料。

刘荃得到医院批准,将赴美以访问学者的身份在路易斯教授的实验室合作研究一年。行期将近,作为一个大学医院的副教授,平时负责的、参与的医疗、教学、科研事务还确实不少,都要做出安排和交代。好在刘荃的业务能力强,做事也干练,几天

第二十七章　社区防癌见成效　出国进修多牵挂

工夫也就安排停当。

在家里她是妻子、母亲,她将离开丈夫和女儿一年,她应该做什么安排和交代呢？她的脑子有点乱,结婚七八年了,这回她才似乎体会到为人妻、为人母的责任,原来这些年来全部的身心都交给了医院的工作,无止境的学习和对业务的钻研,几乎占据了她所有的时间和精力。她首先想到的是小依医,她可爱的女儿,几个星期前答应过她要给她买一件有花边的橘红色连衣裙,后来竟忘了,这回不能再忘了,赶紧在手机备忘录里记下来。还有什么呢？她想不出了,因为平时这些事情都是他妈妈管了,完全不用她费神,现在她想尽点心却不知道应该怎么做了。刘荃心里有点自责,她这妈白当了！再想到她的丈夫,他的事不像依医,除了她,可没人管了。人们常说男人宽阔的肩膀是女人的靠山,这话不错,但是在生活方面,男人其实就是个大男孩,也是要女人关照的,最低限度互相关心是必要的,这些年来自己只忙于事业,对他也实在关心不够,怎么关心呢？给他多买几件衬衫留着吧,男人的衬衫领子不挺括了、发黄了,就应该换新的了！翻了翻徐家霆存放内衣裤的抽屉,她已经好几年没翻动这个抽屉了,里面五双袜子两双有了破洞,几条内裤一条已经破损,两条记得是两年前买的,早已发白。这人会照顾别人,不会照顾自己啊。刘荃心里充满了疼爱还夹着几分羞愧,似乎觉得是枉为人妻了,于是再记下来:男式内裤、袜子各买一打,再买一罐奶粉放着,关照他注意营养,还有什么？想不出了。还有父母亲,年纪大了,她也有责任照顾他们的,好像还没考虑过。医学本是一门关心人的学问,不过事实上中国的医生,尤其是在大医院里的医生,工作的压力太大,当他们全心全意投入"为人群服务"之时,往往疏忽了对自身、对家庭的关注。这个难得的机会,倒是让刘荃思考了这些问题。

小依医知道妈妈要离开她一年,在她的心里一年是很长很长的呀。她不开心,有点想哭,但是知道妈妈是不喜欢她哭的,所以她要忍着。

分别的日子到了,徐家霆开车送她去机场,刘荃坐在副驾驶的位置上,她爸妈带着依医坐在后座上。虽知道只是暂别,不过大家心里还是觉得压抑,想说的话很多,但还是沉默了。办了登机卡,要过安检了,刘荃抱起依医就吻,依医终于忍不住哭了起来:

"妈妈,早点回来……"

外婆赶紧抱了过去,对刘荃说:

"走吧,走吧,自己保重。"

徐家霆把一件手提箱交给刘荃,真想吻她一下,众目睽睽之下,他稍一迟疑,刘荃乘势在徐家霆的额头上深深地吻了一吻。

过了安检,走的人三步一回头,送的人一直举着手挥动,依医也学着外婆的样子挥着小手。

第二十八章
"双签约"提升服务　徐家霆辞谢升迁

92.

社区的全科医生与居民签约服务,为的是加强双方的契约意识,培养社区居民一旦有健康方面的问题,首先应该找社区全科医生的习惯,也督促全科医生主动关心居民的健康状况。多年实施下来效果是肯定的,尤其是让居民体会到"家门口的医疗服务"的优越性,对推进全科医学服务起了良好的作用。

中华医院的全科医学科经过大量的调查研究,提出了一个"双签约"的建议,得到了卫生行政主管部门、社区卫生服务中心、社区居民的广泛支持。"双签约"是指社区卫生服务中心不仅与居民签约服务,还与大学附属医院的全科医学科签约,以得到上级医疗机构的指导和提高,卫生行政主管部门认为这是一种让高级专家医疗资源下沉的好方法,民众则认为这样做,当遇到疑难杂症时可以方便地进入上级医院的医疗程序。

对于"双签约"一事,徐家霆觉得签约式服务是在群众中普及了全科医学,而"双签约"则是全科医学提高和可持续发展的良机。所以不仅幸福村社区卫生服务中心首先响应,还动员其他卫生服务中心加入。

"双签约"活动的推进,给大学附属医院全科医学科的工作带来了更大的压力,科内各级医师都被要求定期"下沉"到社区卫生服务中心参与和指导工作。

我国的医疗机构分为三级:一级为社区医院或社区卫生服务中心,服务范围为社区;二级为区县级医院,为区县范围内的居民服务;三级为省市级医院,为省市或更大范围的民众服务。再按医院的医疗水平分为甲、乙、丙三等。国家一般要求三级医院应主要承担疑难病症的处理,承担医学科研及教学等任务,对医院的员工也有这方面相应的要求。

作为医学院校附属医院的三级医院,为全科医学教学的需要而设立的全科医学科,他们负责的不是诊治疑难杂症,掌握的不是最尖端的医疗科技,研究的也不是当前最热门的分子生物医学,而是更具人文社会学属性的医疗卫生服务。所以在各个专科高歌猛进的三级医院中便会显得有些另类,有时还会影响到晋升、薪酬等的安排。不过在明确认知了全科医学在"为人群服务"中的意义后,大家都能全心全意地投入满腔的热情去从事全科医学的工作。大家笑称:这是枫林桥上海医学院的基因决定了的,因为当年颜福庆老院长在创立医学院的同时便在吴淞地区创办"卫生服务区",他本人并曾下到矿井去做矿医,尽管当时并不称为全科医生,但为人群服务的理念是一致的。

第二十八章 "双签约"提升服务 徐家霆辞谢升迁

93.

社区卫生服务中心,是"社区的"卫生服务中心,也就是民众家门口的卫生服务中心。一个居民区的建立,往往要强调交通、商业服务的配套。距公交车站太远的小区,外出乘车不便,居民往往会有意见;打个酱油、买块肥皂要跑很长的路,居民也不愿意。但是一旦生病,是不是也希望在家门口的卫生服务中心就诊呢?那就不一定了。原因是对医疗卫生服务有一个信任与否的问题存在。大医院设备好、专家多,病人往往会认为健康非小事,宁愿舍近求远,追求大医院。分级诊疗的原则是:有病先在社区卫生服务中心看,解决不了的再转诊。但是人们的担心是:万一被耽误了呢?

我们国家遵从民意,采取多种方法"下沉"优质医疗资源,让大医院的专家下沉到基层社区卫生服务中心,直接服务于病人,同时也提高基层医务人员的诊疗水平。"双签约"是形式之一,近年社区卫生服务中心与一些三级医院建立的医疗联合体,也是这一目的的体现。对一些既需要在社区卫生服务中心长期随诊处置、也需要三级医院某些精准治疗的疾病,甚至在社区卫生服务中心设立"全(科)专(科)联合门诊",由社区全科医师与三级医院专家共同诊治,实现了全科与专科的无缝衔接,也很受病人的欢迎。

在"双签约"活动的新闻说明会上,有记者问起徐家霆主任对这一问题的看法时,徐主任提到了"医联体"的"全专联合门诊"，一位记者大感兴趣，询问十分详细，徐主任索性把上钢社区卫生服务中心的赵主任介绍给她，告诉她这事赵主任那边做得最好。这位记者十分敬业，第二天上午便去了上钢社区卫生服务中心，赵主任与王医生接待了她。

94.

王医生的口才好，听记者说明来意后，就说，我给你讲个故事吧！

孙阿姨76岁，身体一直不太好，经常会出现心慌、气短；这天来社区卫生服务中心参加为老年人做的免费体检，做了心电图，发现了心房颤动。王医生一边讲故事，一边还顺便做科普。他说，**心房颤动就是心房不规律的快速抖动，不能有效地收缩，因此心脏搏出的血量便会减少，病人就会感到心慌气短。更重要的是心房不能有效地收缩，血液在其中涡旋，容易形成血栓，这些血栓一旦脱落下来便有可能阻塞心脑血管，造成中风及心肌梗死等严重问题**。孙阿姨查出了心房颤动非常紧张，她遇到了我，我便约她来我们卫生服务中心的"全专联合房颤专病门诊"诊治，这个门诊由东方医院心律失常中心的杨主任与我联合出诊，我帮她预约好，到时她来挂个号即可门诊。

约定门诊那天孙阿姨准时来到，我向杨主任介绍了她的病情，杨主任做了评估，认为是属于中风的高危人群，宜转入东方医院作射频消融治疗。孙阿姨听了十分紧张，我向她做了解释：

第二十八章 "双签约"提升服务 徐家霆辞谢升迁

这是一种微创手术,用一根很细的导管从颈部或者大腿根部放入血管里,到达心脏发病位置后,释放射频电流,消除"病灶"。在恢复正常心律方面,成功率远高于药物治疗,技术已经十分成熟,也十分安全,而且杨主任也极有经验并将亲自为她手术,同时我也会在场协助和学习,放心吧。孙阿姨同意了,杨主任当场给她开具了东方医院的住院单。

孙阿姨住进东方医院,顺利完成了手术,消除了心房颤动,就不再觉得心慌气短了。出院回家,继续服些药物以巩固疗效,并在社区卫生服务中心定期配药及随诊。用孙阿姨的话说:"我非常严重的心脏病要看专家,住进大医院、请专家做手术,然后还要继续吃药,全没有费事,社区卫生服务中心的这个办法真好。"

赵主任向记者说,我们上钢社区卫生服务中心和浦东新区东方医院构建的医联体,以患者为中心,上下融合、全专接轨,建立房颤"全科—专科"分级管理模式,包括制定房颤分级诊疗指标标准、开设社区房颤专病门诊、专家定期下沉、全科医生同质化培训、药物检验趋同。在这种模式下实现医疗资源和患者的"双下沉",方便了像孙阿姨这样的房颤患者看病就医,让她们享受到了优质、高效、便捷、连续的医疗卫生服务。

记者听了两位医生的介绍,对这种"上下融合、全专接轨"的医疗服务模式有了相当的了解。似乎已经无须再问什么了,便对两位医生的接待表示了感谢。

赵主任谦逊地说:"不用谢,这些也都是我们全科医生、基层卫生工作者应该做的事。"

上钢社区卫生服务中心

95.

刘荃去了美国做访问学者，小依医由外婆全职照料，徐家霆全身心地为社区卫生事业奉献着他的心力，这年年底，他被评为全市十位"医德楷模"之一。

不过也有一件令他烦恼之事随即到来。上级组织部门找他谈话，准备调他到区的卫健委担任副主任。这是一个国家公务员身份的行政职务，是许多青年人极其向往之事，但徐家霆却觉得这会使得他从此离开钟爱的医生岗位，离开他心上装满着的王家姆妈、李家阿婆、张老伯、赵先生这些他的病人。他这些年来担任着地区卫生服务中心主任的职务，行政管理的事情确实也不少，他也理解做好行政管理工作的重要性，但是他本身的医

第二十八章 "双签约"提升服务 徐家霆辞谢升迁

疗业务工作一分也没减少,仍然看门诊、管家(庭病)床,还做了许多流行病学调查,做了许多科研、教学的工作。他很忙、但很"享受"这种"双肩挑"的工作状态。比起他在市里得到表彰,他更满足于他的病人给他一个微笑的回报。

上个月的一天下午,他背着出诊箱和护士小王去家庭病床随诊,在复兴北路319弄张老伯家随访患有糖尿病并发尿路感染的张家老太太时,张老伯说他牙疼得厉害:

"人说牙疼不是病,疼起来真要命,我已经吃了两片止痛药了,一点用处也没有,可惜你们不看牙科。"

"从什么时候开始的?"

"下午两点吧,睡午觉起来以后。"

"哪个牙痛呢?"

"不知道,反正左边下颌骨地方吧,一阵阵地痛。"

"让我看看吧。"

张老伯顺从地张开了嘴,徐医生拿出手电筒照着,用压舌板轻叩张老伯的牙齿,没有发现有叩痛的,也没有发现牙龈肿胀之类的异常情况。随后又拿出听诊器听了听老伯的心跳却发现频发的早搏,又让小王给他量了血压倒还正常,便问是否觉得心慌。

"觉得有点心慌,也是睡午觉起来后觉得的,大概是牙疼太厉害引起的吧。"张老伯自己解释道。

"不是,倒怕是心脏有问题。"张老伯是徐家霆医生签约服务的病人,他知道他患有高血压、血脂增高等情况,不过好像并没有心律失常的事情,现在这情况高度疑似心肌梗死。

"还是去看急诊吧,打120好吗?"

出于对徐医生的高度信任,张老伯与家属都赞成,马上叫了急救车。徐医生让家属找出六片阿司匹林让老伯嚼碎服下,躺下休息。十分钟光景来了救护车,病人的小女儿刚好在家,随车而去。送走了张老伯,徐医生才离开张家,继续他的家访。

两小时后,中华医院的全科医学科打来电话:下午转来的张姓病人确诊为心肌梗死,已经放置了支架,转危为安。又过了半个钟点,病人的女儿打来电话表示感谢,她很奇怪怎么**心脏病也会牙疼?** 徐医生告诉她这是心肌梗死的一种放射性疼痛,多数涉及左上臂,但也可以涉及下颌部位被误为牙痛,有时会涉及上腹部被误为胃痛等。病人安全了,他也放下心来了,下班后去中华医院探视了张老伯。

对徐家霆来说这只是很常态的一幕,他的心里荡漾着愉悦,似乎觉得他应该是为此而生的。考虑了两天,他终于决定给组织上写了一封长信,力辞了这份"升迁"的工作调动。组织部门的领导为他的真诚所感动,同意了他的请求,勉励他继续努力,做好基层医疗卫生工作。

第二十九章

卫生中心喜得双奖
徐家霆获评"全国十佳"

96.

第二年春天,市里召开科技大会,幸福村街道社区卫生服务中心双喜临门,徐家霆与袁秀芬主持的"社区肿瘤防治的观察与研究"、孙静娴与钟康福主持的"基于生活行为调控的社区糖尿病预防研究"双双获得科技进步奖三等奖,开社区卫生服务中心获市级科技奖之先河。大家都理解社区卫生服务中心的科研是实践型研究,获奖只是对研究工作的肯定,理所当然地应该作为常态化的社区卫生工作继续做下去。只是区内、区外的许多兄弟单位亦纷纷前来取经,让大家愉快地忙了好一阵子。

还有喜事。忻莉莉、钟康福婚后两人商量决定:趁着还年轻,多学习些业务知识,享受两人世界的美好生活,暂时不要孩子。尽管双方的家长都有要抱孙子(外孙)的暗示,两人不为所动地坚持着。当然,在这件事上主导是忻莉莉,钟康福爱她,都依着她。

每天上班下班、同进同出,好一对神仙眷侣。下班回家忻妈妈已经饭菜齐备,全不劳他俩操心。忻爸爸时常还要喝点小酒,本来是一人独酌,这下还拉个女婿作陪,因为女婿是个医生,他还故意当着她们母女面上问喝酒好不好?钟康福知道老丈人的心思,便说是稍喝点酒活血化瘀有益健康。不意却中了套,只好常常陪着老丈人喝两杯。钟、忻两人虽说也有业余学习的任务,但不比在三级医院负担着医疗、教学、科研任务的医生,终究工作学习的压力不是很大,他们又无家务之累,学这点功课还不费事。忻莉莉也很会安排生活,晚上往往看场电影或是逛逛夜市,周末常常郊游或是与朋友聚会、野餐,业余生活过得有滋有味。两位老人看在眼里,心里也高兴。

却不料忻莉莉这回月经迟迟不来,自己用试纸一测,才知道他们的两人世界即将告终,虽说原先主张暂时不要孩子的是她,但此时她却又母性情结大发,晚上满心喜悦地告诉钟康福:

"康福,他来了。"

"谁来了?"

"你猜啊。"

"没头没脑的话,叫人怎么猜啊?"

"你儿子,嘻嘻,嘻嘻。"

钟康福一把抱住她就吻。

第二天,最迟第三天吧,整个卫生服务中心的人、包括门卫老王,都知道小忻有喜了。是她自己透露的,她希望大家与她分享喜悦。她的闺蜜问她:

"莉莉,你不是说不要孩子的吗?"

第二十九章　卫生中心喜得双奖　徐家霆获评"全国十佳"

"嘻嘻、嘻嘻,小钟使坏。"

97.

第二年春天,樱花盛开的时节,徐家霆受日本千叶县癌症学会之邀,赴日参加第18回千叶县癌症学会癌症预防大会,并与会报告"社区肿瘤防治的观察与研究",取得很好的反响。与会的日本专家对中国全科医师立足于社区,开展多种常见肿瘤"一体化"的防治工作表示了很大的兴趣。

当场就有千叶县家庭医生学会的一位干部,说是代表他们的会长邀请他访问他们家庭医生学会。第二天这人便来接他,学会的多位领导已经等在学会办公室里。会长是一位资深的家庭医生,表示对中国的家庭医生在繁忙的日常工作中还开展学术研究甚是钦佩,肿瘤"一体化"的防治工作对他们也很有启发。

会长还陪同徐家霆参观了附近的社区医院,徐家霆也收获多多,他知道网络上对日本的医疗服务常多褒奖之词,在他看来我国发达地区社区卫生服务中心的设备条件、各项设施与他们社区医院也相去不远,某些地方尚可能有过之而无不及,在医疗服务的本质上应该亦是如此。当然他们的医疗服务亦有优点,比如在流程上可能更便捷,形式上可能更温馨,也是值得学习的。

樱花盛开的季节也是日本学术活动最活跃的季节,尤其是国际性的学术活动,他们似乎很愿意外国人欣赏他们的樱花。徐家霆在日本参加千叶县癌症学会会议的几乎同时,刘荃也跟随她在美国的导师到了东京,参加日本药理学会的一个学术会议。学术会议结束,导师夫妇要去赏樱,刘荃则告假一周回国省亲。她已经出国半年,尽管在美学习工作也很紧张,但是思念家乡、思念亲人乃是人之常情。她想念她的依医,她想着她可爱的小脸,她现在读小学一年级了,她想为她梳个小辫子,像她自己小时候梳的那种,不过可能现在不时兴了。她想着她的夫君,这人会照顾别人,但是不会照顾自己。当然,还有自己的爸妈,他们都慢慢地变老了,也是需要人照顾的……

千叶离东京不远,徐家霆到了东京,两人在异国他乡相会,久别胜新婚,自不必多说。只是他们假期有限,第二天傍晚即将回国,上午去了上野公园,虽也无心赏樱,但是看到那如绯红的云彩一般的樱花,尤其是那些在樱花树下或坐或卧、如醉如痴的日本人,也难免为之感染,两人在一处樱花树下坐下,刘荃一把抱住家霆,久久地相拥在一起,樱花散落在他们头上、脸上、身上。

98.

银座是东京著名的商业街,车水马龙,街上中华料理(中餐馆)生意兴隆,中午刘荃想品尝日本菜,于是进了一家叫"秋田屋"的日本餐馆,环境优雅,只是要盘腿坐着很不舒服,点了些天妇罗、乌冬之类的食物吃了,也觉平常。

过去出国人员都会买些洋货带回来送人或自用,去日本的人常喜欢买日本原产的小家电,诸如电饭锅、烧水壶之类。尽管现在手上的外币越来越多,但选择买什么却越来越觉得为难,因为这些产品国内市场上国产的应有尽有,而且价格便宜、质量可靠。日本的

第二十九章　卫生中心喜得双奖　徐家霆获评"全国十佳"

儿童服装质量、式样都不错,但他们不愿意把小依医打扮成日本小孩的样子,日本小学生的双肩书包也不错,但他们又不愿意依医用的书包明显与众不同,最后只是给她买了个叫作"艾拉多蒙"的大布偶了事,给家里的老人带点什么呢?他们也想不出:一则是他们似乎也不缺什么,二则是他们平时对老人的关心不够,想不出应该买点什么,结果也只是买了几盒带有樱花标识的"和果子"(日式点心)。

说徐家霆会关心人这话不假,徐家霆跟刘荃说忻莉莉快分娩了,给她买点婴儿用品吧,刘荃就挑了些小婴儿的衣服,质地十分柔软,颜色也好看,还顺带买了两只奶瓶,这种奶瓶保温性能好,洗涤也方便。

东京飞回上海也不过三小时,晚上十点半左右,他们已经到家了。外婆和依医已经等在家里,两对母女见面,女人们特有的感情使兴奋和幸福交融在一起,怜爱和娇情糅合在一块,徐家霆插不进,只好到一边去整理带回来的行囊。11点钟了,徐家霆送岳母回家,刘荃安排依医睡觉。第二天晚上,三人照例到外婆家吃饭。

99.

忻莉莉生了个女儿。小两口开心,外公外婆也开心,爷爷奶奶特地前来探望,并感谢亲家对他儿子、孙女的照顾。

爷爷是位乡村医生,还没退休,奶奶也不习惯在外地的生活,待了两天便回去了。

"你妈不开心?"忻莉莉问。

"没有啊。"

"她们是想抱孙子吧。"

"不会的,生男生女都一样。我妈农村人不会说话罢了,不是不开心。"

"那好,过两年再生一个就是了,争取给你生儿子。"

"这事又不好争取的啰。"

"你也想要个儿子是吧,好传宗接代。"

"你真坏,想套我的话。"

"嘿、嘿、嘿,套出来了吧。"

"真是无所谓的啦。"钟康福虽这么说,不过看样子他的心里可能真有那么一点点的想法,这可能是和过去国家的"一胎"政策有关。不过如今国家鼓励生育二孩,倒真是无所谓了。又过了两年,他们真的有了个儿子,那是后话了。

经过三年业余学习,钟康福业余大学中西医结合专业"专升本"毕业,学历的提升使得他对康复医学有了更深的理解:**现代康复医学不仅仅局限于肢体运动障碍的康复,而是针对一切生理功能,如心肺功能、消化功能、智能甚至语言功能、视听功能等的保护与康复,由于这些康复医疗都紧贴人们的生活而且需要一个较长的过程,所以社区卫生服务中心在这方面大有可为。**幸福村街道社区卫生服务中心的康复中心在中华医院康复科的指导和帮助下,在钟康福以及同事们的努力之下开展了多方面康复医疗工作,尤其在心肺功能的康复及失智人员智力保护方面做了很多很好的开创性工作,被评为市级先进单位,钟康福医生也被评为市卫生先进工

第二十九章　卫生中心喜得双奖　徐家霆获评"全国十佳"

作者。

忻莉莉因为生育,她的业余大学大专班的学习晚了一年毕业,又过了一年考取了助理心理医生的资格。后来她成了两个孩子的妈妈,女性医务人员的工作、生活还真不容易安排,幸而她妈妈退休了,和许多医务人员的家庭一样,外婆或奶奶成了照顾第三代的主力。

100.

通过推荐,层层评比选拔,徐家霆入选"全国十佳全科医生"。这次活动是由国家卫健委主管,由医学会、医师协会主办的全国性活动,旨在弘扬基层医疗卫生领域中做出突出贡献的全科医生的优秀事迹,促进全科医学事业的发展,更好地造福广大民众。

九月的北京秋高气爽,天安门广场庄严肃穆,阳光普照大地,此时此地容易令人思考人生。徐家霆来京参加表彰大会,起了个早来到天安门广场观看升旗仪式,想到国家欣欣向荣,人民生活幸福,都是千千万万的人为之努力奋斗的成果。自己只是一个普通的医生,做了一点有益于民众健康的事情,获得了表彰,确实印证了"人生意义何在乎,为人群服务"上医教育的宗旨,只有为人群服务才能不虚此生,如今已经人到中年,这条路要继续走下去,努力做得更好。民为国之本,为了民众便是为了国家,也是为了自己,为了自己的人生意义。

表彰大会在会议中心举行,由国家卫健委的一位副主任主持,宣读了表彰文件,介绍了十位全科医生的先进事迹,要求全国医务工作者向他们学习。十位全科医生在掌声中上台接受了证书,徐家霆还被推选为受表彰人员的代表,在大会上做了发言,他说,他代表今天受到表彰的十位同志,实际上也是代表了全国的全科医生及基层卫生工作者,感谢党和国家所给予的荣誉。我们只有进一步努力做好工作,促进广大民众的健康,才能无愧于这份荣誉。他说:"我们的医学前辈教导我们'人生意义何在乎,为人群服务',我们只有在为人民服务中才能体现人生的价值。"这话引起了热烈的掌声,也引起了在场的记者们的兴趣。

会后,好一些记者围着徐家霆要打听这话的出处。徐家霆告诉他们:这是上海医学院创办时颜福庆院长请黄炎培先生为医学院写的院歌,开头便是这句话。这句话也是上海医学院一贯的教育宗旨,激励了一代代的上医学子。培养为国家、为人民服务的人才,也是我国教育事业的宗旨,不过在医学教育中它显得更加突出吧,因为医学是直接为民众的健康服务的。可贵的是在将近100年前,我们的前辈便明确提出这是人生意义所在。各位记者听了都赞叹不已。

第三十章
事业发展中心扩容改建
医学科普促进健康管理

101.

路易斯教授多次向刘荃表示希望她能留下来,以"博士后"的身份继续课题研究。并告诉她可以帮助她办理绿卡,并可以给她相当丰厚的报酬。刘荃从学生时代起就觉得医学未能解决的问题还很多,需要研究。但她觉得美国的研究条件虽好,但美国终究不是她的祖国,在那里始终有一种寄人篱下之感。更何况她想念她的依医了,想念家霆、想念父母、她想她应该把她自己的时间分出一点来给她的家庭了。

刘荃谢绝了美国导师的挽留,一年访问期满准时回到祖国的怀抱、亲人的身边,回到了中华医院心脏科,投入每天查病房、看门诊、值夜班、教实习生、带研究生、做研究写论文的工作中去了。把自己的时间分点给家庭的想法,实行起来似乎很困难,不过好在有个理解她的家庭,因为她在为人群服务。

若说刘荃每天忙于医疗、教学、科研的工作,无法照顾好家庭,其实徐家霆又何尝不是如此。虽说在基层工作的全科医生在教学和科研方面或许没有太大的压力,但基层医疗卫生直接面对广大民众的需求,工作面广量大。随着国家加强基层卫生建设,重视疾病的预防,重视适(合)老(年人的)服务,社区医疗卫生工作的压力亦日益加大。何况徐家霆又是一个事必躬亲的行政与业务双肩挑的基层骨干。

随着国家经济的发展,为了更好地加强基层医疗卫生服务,幸福村街道社区卫生服务中心获批扩容改建,这下幸福村街道的居民将要更加幸福了。但是上级要求扩容改建期间,卫生服务中心所有的工作不能有一刻的暂停,作为中心主任的徐家霆压力可是更大了,不过对于工作的压力,他从不畏惧,他相信他的同事们一定都会支持他,因为这些年来在他的带动下,大家都理解人生的意义在于"为人群服务"。人民群众是国家和社会的根本,为人群服务就是为国家、为社会服务,只有这样的人生过得才有意义。

102.

袁秀芬家的金博贺在商业上是把好手,疫情稍缓,他的营业额便迅速回升。这金博贺人品也属端正,孜孜于事业的发展,不及其他,商界朋友都说是有"贤内助"的关系。其实袁秀芬说:"他的事业我不管,他也不能管我的事业。"这话倒是事实,袁秀芬婚前、婚后,金不换都曾经劝她不必工作了,做个全职的家庭

第三十章 事业发展中心扩容改建 医学科普促进健康管理

主妇吧,被袁秀芬拒绝,生了孩子之后这件事情又再一次提起,袁秀芬戏谑地回应道:

"我们上海医学院的院歌唱的是:人生意义何在乎?为人群服务。不是人生意义何在乎?为金不换养个儿子!"

金博贺知道这样的初衷,她是不会改变的,也就不再坚持了。

袁秀芬是卫生服务中心的护理组长,负责管理所有的护理业务,她还是市里护理学会社区护理学组的组长,最近还担任了区医学会科普分会的副主委。

袁秀芬生性活跃,口头和文字的表达能力都不错,在徐家霆的鼓励和支持下,这些年来她还涉足医学科普工作:她在社区组织了好几个"健康自我管理小组",让一些患有慢性病的退休老人定期集合在一起,交流防控慢性病的经验,她再给他们做些小讲座,讲解些防治慢性病的医学科普知识,回答他们的咨询。袁秀芬从上海医学院护理系本科毕业,有很好的医学基础,她又善于学习,知识面很广,社区老人慢性病防治涉及的用药问题、营养问题、运动问题等,她都能解说得头头是道,因此每次"健康自我管理小组"的活动不但患有慢性病的老人愿意参加,他们的家属也多积极参加。这种能调动患者和家属防治慢性病积极性的"健康自我管理小组",在医学科普的促进之下,收到了很好的效果。市里的一份报纸曾经做了专题报道,市卫健委的"基层处"也曾发文推广。

徐家霆还鼓励袁秀芬将这些小讲座的内容整理成文在一些报刊杂志上发表。后来幸福村街道社区卫生服务中心决定设立一个微信公众号,命名为"健康幸福村",以加强与社区居民的沟通,除了宣传党和国家的卫生方针、报道卫生信息外,主打的便是医学科普的内容,袁秀芬不但自己写,还发动大家写。医学科普的内容在手机里便可阅读,很受社区群众的欢迎,许多年轻人看了还会转发,会给家里老人讲解。几年下来积累了不少科普文章,袁秀芬又加以整理,编成了一本叫《幸福来自健康》的医学科普书出版了。

这事被金博贺知道了,可开心了,让他公司的人去买了1000本,放在公司里送他生意上的朋友和客户。后来袁秀芬知道了,便嗔他:

"金不换,你要宣传健康,还是要宣传老婆啊?"

"都要,都要。"说着便抱着老婆一阵狂吻。

第三十一章

尾声:继续"为人群服务" 这个结尾不平凡

103.

徐家霆的行政事务因卫生服务中心的扩容改建而明显增多,但他仍然坚持看门诊、管家(庭病)床,忙得不亦乐乎。

根据徐家霆的建议,区卫健委组织部经过考查,宣布任命钟康福医生为卫生服务中心副主任,协助徐家霆工作。

钟康福工作勤恳、任劳任怨,成了徐家霆的好帮手。除了康复中心大量的医疗工作外,要找钟副主任必定是在建筑工地上,他在那里抓进度、抓质量、抓安全,事无巨细他全管。

孙静娴医生婚后家庭幸福,孩子由婆婆带管,长得活泼可爱,已经进入幼儿园大班。孙医生原本业务基础良好,又加十分注重继续学习,掌握新知,这些年社区卫生服务中心工作的实践使她在慢性病管理方面积累了很多的经验,也发表了好一些很有质量的学术论文。孙静娴医生和蔼可亲的服务态度、认真仔细的工作作风,赢得了社区居民的充分信赖。一些老人闲聊中只要谈到在健康上的问题,听的人便会问:"你找孙医生看过吗?"孙医生在民众中的口碑可见一斑了。

孙医生在学术上的造诣让她成了卫生服务中心的骨干带教老师,负责医学院本科生社区实习的带教工作,据上海医学院全科学系的反馈:实习同学一致反映孙老师是同学们"心中的好老师"。

忻莉莉虽然成了两个孩子的母亲,但她也是个"好强"的人,对工作十分尽心。她原是康复中心的骨干医疗力量,后来钟康福担任了康复中心主任并增添了人手,恰好卫生服务中心按照上级的统一规划,得到了一批"自助化"的血压计、血糖仪、心电图、简易肺功能仪等器材,要建立一个亲民的"健康小屋",成为社区居民可以随时前来做些健康检查或是健康咨询的场所。

徐家霆知人善任,便让忻莉莉负责建设并主管健康小屋的工作,忻莉莉果然不负所托,没多久一个崭新的健康小屋建成了。幸福村社区的居民可幸福了,不管年老的、年轻的,专程来的、路过的,都会进来看一看,坐一坐,量量血压、吹吹气(简易肺功能检查),然后问问忻莉莉这正常吗?那有问题吗?这些检查的结果,凡属本社区居民的都会被忻莉莉录入健康档案之中。区卫健委的领导来检查健康小屋的工作,却发现这里健康小屋的健康咨询还包括心理咨询,原来主持这项工作的忻莉莉还是一位通过业余学习获得助理心理医生资质的人员,领导们一致认为"太好了,心理健康太重要了",于是检查结果定为"优秀"。领导们也由此重视研究如何在社区卫生服务中心加强促进心理健康的服务了。

第三十一章 | 尾声：继续"为人群服务" 这个结尾不平凡

104.

幸福村街道社区卫生服务中心的一切卫生服务工作每天仍在进行中，扩容改建的工作也在加紧进行，预计两三年后，一个崭新的、宽敞的、设施齐全的新院区将能更好地服务于社区居民的健康保健工作。

徐家霆医生"双肩挑"着卫生服务中心的管理工作和医疗业务工作，每天仍是忙个不停。孙静娴医生走出不幸的婚姻，重新组织了新的家庭，她用精湛的医疗技术、良好的服务态度赢得了社区群众的口碑。袁秀芬坚持着为人群服务的信念，不断努力开拓着社区卫生服务的领域。钟康福医生不断学习，努力工作，从一个不受待见的坐堂医生成为一名能中能西的康复中心主任，甚至后来还被上级委以一定行政工作责任，无不说明了钟医生奋发向上的精神力量。忻莉莉来到卫生服务中心时的形象只是一个小美女，但她认定的事无论是工作、学习，甚至婚姻、家庭生活各方面都会努力去做，而且做得很成功，真是所谓有志者事竟成。幸福村街道社区卫生服务中心的数十位医务人员，和全国各地的基层卫生工作者一样，在各自的岗位上为着民众的健康，年复一年、日复一日奉献着他们的青春年华和聪明才智、奉献着他们的精力和汗水。

奉献还在继续，但是我们的故事要结束了。作为一部小说，这样的结尾也许平淡了些，没有创造出一个激动人心的高潮，比如故事的主角中了状元、招了驸马或是升了官、发了财之类。科举是早已废除了，医学本身也并非通向升官、发财之路。上海医学院的创始人颜福庆院长就说过："我们认为做医生的人，须有牺牲个人、服务社会的精神，不存在升官发财的心理"；也没有留下引人思考的悬念，因为毫无悬念，这种奉献必将继续。

这些年来新闻界关注、报道和推崇了医界许多新的科技，或是大胆地挑战了医疗禁区，树立了许多名医大家。比如经四肢的血管插入导管直达心脏，可以更换心脏的瓣膜、可以打通阻塞了的血管，救人于临危之际；或是奋战十余小时，移植了多个器官，使病人重获新生，等等。

弱者易有英雄情结。近代之中国科技落后于人，在科技方面能有进步者，人皆崇敬亦是正理。不过医学致力于保障民众之健康，发现"三高""四高"（高血压、高血脂、高血糖、高尿酸血症）而予以生活指导、药物控制，从而使成千上万的民众避免或减轻了心脑血管病、糖尿病、痛风病而获健康；积极治疗了癌前病变、发现早期肿瘤、力促早期治疗而使肿瘤患者获得长期生存等的全科医生、基层卫生工作人员，他们的工作虽无高光的时刻，亦当属可敬之列。

"人生意义何在乎？为人群服务。"无论他们是否出自枫林桥畔的上海医学院、是否知道将近百年前的上海医学院的这首院歌，事实上他们都在为着实践着这句歌词的意义：为人民服务，而努力奋斗着。

继续"为人群服务"，这个结尾平淡，但不平凡。

致 谢

  在本书的创作、出版过程中,许多相关单位和个人给予了无私的帮助,他们或提供案例,或提供资料,或提供意见,或提供方便,使本书得以在很短的时间内与读者见面,在此谨致衷心的感谢!他们是:康健街道社区卫生服务中心竺琼、唐跃中、虞智杰、程焕提供了关于宁养医疗的案例(第二十一章75节);上钢社区卫生服务中心杜兆辉、黄凯提供了关于全专联合门诊的案例(第二十八章93～94节);安亭镇社区卫生服务中心沈志萍、姜航宇提供了关于膝关节康复医疗的案例(第十九章68节),以及陈冬冬、杨震、郑玉英、杨美、陈荔萍、陈婕、宋玲与复旦大学出版社贺琦等同志;上海市社区卫生协会孙晓明会长、上海市科普作家协会终身名誉理事长卞毓麟先生、世界家庭医生组织亚太区常委祝墡珠教授为本书作序,使本书生辉。在此一并致以衷心的谢意!

杨秉辉

2023 年 11 月

图书在版编目(CIP)数据

枫林桥之恋/杨秉辉著. —上海：复旦大学出版社，2023.12
ISBN 978-7-309-17059-7

Ⅰ.①枫… Ⅱ.①杨… Ⅲ.①长篇小说-中国-当代 Ⅳ.①I247.5

中国国家版本馆 CIP 数据核字(2023)第 222167 号

枫林桥之恋
杨秉辉 著
责任编辑/贺 琦

复旦大学出版社有限公司出版发行
上海市国权路 579 号 邮编：200433
网址：fupnet@fudanpress.com http://www.fudanpress.com
门市零售：86-21-65102580 团体订购：86-21-65104505
出版部电话：86-21-65642845
上海四维数字图文有限公司

开本 890 毫米×1240 毫米 1/32 印张 7.75 字数 161 千字
2023 年 12 月第 1 版
2023 年 12 月第 1 版第 1 次印刷

ISBN 978-7-309-17059-7/I·1379
定价：60.00 元

如有印装质量问题，请向复旦大学出版社有限公司出版部调换。
版权所有 侵权必究